In memoria di Lady Fuffa,
detta Chicchi

Fabio Nocentini

I poteri magici del gatto

GIUNTI DEMETRA

Realizzazione editoriale a cura di
EDIMEDIA SAS, via Orcagna 66, Firenze.

Si ringraziano per aver gentilmente concesso foto e illustrazioni:

Il signor Andrea Faggi di Firenze, fotografo (foto di Spoky, il suo gatto magico alle pp. 43, 152, e foto dei flaconcini a p. 198); www.andrcafaggiphoto.com info@andreafaggiphoto.com

La ditta Flora di Lorenzana (Pisa), produttrice degli oli essenziali *Primavera* (foto di piante e oli essenziali alle pp. 102, 157); www.florapisa.it info@florapisa.it

La signora Judith Gobets del *De Poezenboot* di Amsterdam (foto del battello dei gatti a p. 79); www.poezenboot.nl poezenboot@zonnet.nl

Il *New England Journal of Medicine* pubblicato dalla Massachusetts Medical Society (foto del gatto Oscar ©2007 Massachusetts Medical Society. All right reserved p. 250); content.nejm.org nejmcust@mms.org

Il Museo dell'Ermitage di San Pietroburgo (foto del gatto nel giardino del Museo: Photograph@Dmitry Pilikin p. 76);

La signora Olga Tommasina Samarina di Genova, pittrice e disegnatrice (acquerelli dei gatti, di Mafdet, di Freya e di Bastet alle pp. 20, 44, 86, 88, 105, 114, 135, 149, 172, 212); www.amordigatto.net o.tommasina@alice.it

www.giunti.it

Via Bolognese 165 - 50139 Firenze - Italia
Via Dante 4 - 20121 Milano - Italia
Prima edizione: novembre 2007

Ristampa	Anno
6 5 4 3 2 1	2011 2010 2009 2008

Stampato presso Giunti Industrie Grafiche S.p.A. - Stabilimento di Prato

Sommario

La magia felina in azione

Il paranormale è gatto

Introduzione

Il gatto, animale magico per eccellenza, è stato sempre circondato da un alone di mistero. Adorato nell'antico Egitto come divinità, giudicato in seguito una creatura diabolica al servizio delle streghe, riabilitato a partire dall'Illuminismo, questo piccolo felino riesce ancora oggi a stupirci per il suo carattere indipendente, per le doti di destrezza, eleganza e sensibilità che lo caratterizzano.

Epoche e culture diverse hanno associato al gatto numerosi segreti, rendendolo un soggetto interessante per lo studio del pensiero esoterico: il percorso tracciato nel libro conduce proprio alla scoperta di quei simboli e di quelle facoltà sottili che si legano al nostro amico a quattro zampe.

Al di là delle informazioni storiche e della panoramica sulle divinità feline più importanti troverete infatti ampie trattazioni dei poteri magici e delle percezioni extrasensoriali comuni a tutti i gatti.

Chi ha la fortuna di possedere un gatto potrà sperimentare esperienze particolari alle quali forse non aveva pensato; chi non lo possiede sarà quasi certamente invogliato a prenderne uno con sé.

Il gatto nella storia

L'animale sacro dell'antico Egitto

Migliaia di anni fa i gatti erano venerati come divinità.
Questo, i gatti, non l'hanno mai dimenticato.

Anonimo

Nessun'altra cultura dell'umanità ha celebrato il gatto in maniera tanto intensa quanto gli antichi Egiziani. Grandi templi furono eretti in suo onore e un'intera città gli venne dedicata; statue, pitture e bassorilievi, ciondoli e amuleti di forma felina erano costantemente realizzati da artisti e artigiani; rituali di adorazione delle divinità legate ai gatti avevano luogo in molteplici occasioni, tanto da diventare parte integrante della vita quotidiana. Si può dunque affermare che per la civiltà dell'antico Egitto il gatto rappresentò un animale sacro, da allevare con ogni riguardo, da onorare e vezzeggiare come incarnazione di forze superiori. Il suo culto, vasto e documentato, presenta molti particolari interessanti.

Le più antiche tracce della presenza di gatti in Egitto risalgono a circa 4000 anni prima della nascita di Cristo, poiché ossa di questo animale sono state ritrovate in una tomba umana predinastica nei pressi di Assiut. Successivamente appaiono nelle tombe raffigurazioni di gatti che prendono parte alla caccia nelle paludi, finché l'animale viene divinizzato: il maschio si ricollega al dio solare Ra, mentre la femmina è associata a varie divinità femminili. A partire dalla XXII Dinastia (intorno al 1000 a.C.) prende campo la dea gatta Bastet, versione "addolcita" della leonessa Sekhmet, la quale presenzia al focolare domestico, all'amore, alla famiglia e alla maternità. Ma la gatta poteva, all'occorrenza, trasformarsi in leonessa, simbolo dell'aggressività in battaglia e della protezione contro i nemici.

Il gatto era considerato un animale magico, detentore di poteri occulti e di abilità psichiche: i suoi occhi, capaci di riflettere la luce e di vedere nell'oscurità, avevano il potere di allontanare il male, mantenendo il Sole al suo posto in cielo; inoltre gli si attribuivano le facoltà di scru-

Frammento di vasellame calcareo (ostraca) raffigurante un gatto che raduna un gruppo di oche (XIX-XX Dinastia, 1307-1070 a.C.).

tare nel futuro e di propiziare la buona fortuna. Per un egiziano trovare un gatto morto rappresentava un presagio nefasto: probabilmente una grave malattia, un decesso in famiglia o qualche altra tragedia si sarebbe abbattuta su di lui. Un simile evento significava che la dea Bastet era adirata, e bisognava dunque ingraziarsela con ogni mezzo. Stando a ciò che riferisce lo storico greco Erodoto (484-425 circa a.C.) nelle sue *Storie*, in Egitto se la casa andava a fuoco ci si preoccupava di salvare prima i gatti e poi le persone.

Si ritiene comunemente che l'attuale gatto domestico (*Felis sylvestris catus*) derivi dal gatto selvatico egiziano (*Felis sylvestris lybica*), ma alcuni ricercatori americani sostengono che esso si sia originato nella cosiddetta "Mezzaluna fertile", un'area che si estende dal Mediterraneo orientale fino all'antica Mesopotamia. In Egitto vennero comunque addomesticati gli esemplari selvatici che vivevano sulle sponde del Nilo, allo scopo di debellare i topi che infestavano i granai; poi, con il passare del tempo, i felini si diffusero sempre più nelle abitazioni, nei templi e in tutti gli edifici, dove

"Gatto" in geroglifici.

erano allevati con grande cura. Gli antichi Egiziani chiamavano *myeu* il gatto: quando uno di questi moriva, il padrone e i familiari si radevano le sopracciglia in segno di lutto e di rispetto.

Mummia di gatto,
Parigi, Museo del Louvre.

La cerimonia funebre era molto articolata. Prima di tutto si procedeva alla mummificazione dell'animale, con unguenti, spezie, balsami e bende di lino di maggiore o minore pregio secondo le possibilità economiche della famiglia; poi si applicava una maschera decorata sul muso della mummia, oppure se ne dipingevano le sembianze sulle bende, e la si adornava di monili; un sarcofago a forma di gatto, in legno o metallo più o meno decorati, ac-

Sarcofago di gatto,
Parigi, Museo del Louvre.

coglieva infine la mummia, che veniva trasferita nella necropoli di Bubasti o in uno degli altri cimiteri per gatti presenti nelle città dove si compivano regolarmente i rituali di Bastet. Spesso nella tomba del gatto si collocavano ciotole di cibo, latte e topi mummificati allo scopo di assicurare il benessere e il divertimento del defunto nell'aldilà.

Con il passare del tempo il culto del gatto raggiunse in Egitto una tale diffusione che questi animali vennero perfino protetti con leggi specifiche: era vietato fare loro del male o trasferirli al di fuori dei confini del regno, e contro chi violava le disposizioni si applicava la pena di morte. Nonostante la severità delle leggi egiziane i navigatori fenici li contrabbandarono fuori del Paese, facendone oggetto di commercio insieme ad altre merci preziose. Fu così che il gatto venne introdotto in Grecia e a Roma, da dove si diffuse in Europa.

Sebbene le maggiori dee connesse con i felini siano Bastet e Sekhmet, troviamo riferimenti al gatto e al leone anche prendendo in esame altre divinità appartenenti al variegato pantheon egiziano. Vediamo alcune associazioni.

* Aker è uno degli dèi leoni più antichi: divinità della Terra, aveva il compito di custodire il cancello dell'alba,

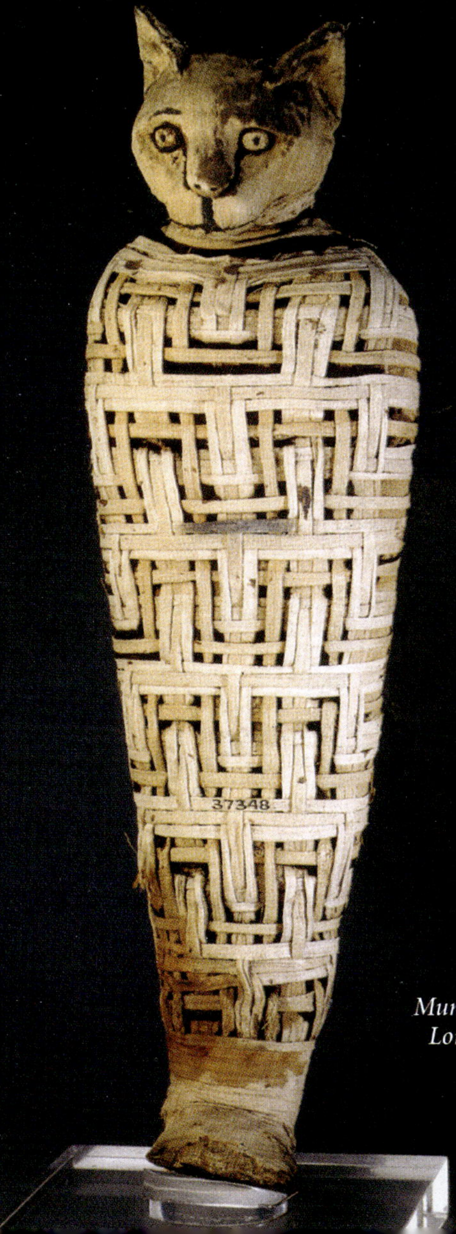

Mummia di gatto, Londra, British Museum.

che il Sole attraversava ogni mattina. Inoltre, quando il faraone moriva, Aker apriva il cancello della Terra affinché il sovrano potesse entrare nel mondo sotterraneo.

✶ Meretseger, una dea raffigurata come un cobra, possiede anche un aspetto leonino: era conosciuta come protettrice dei lavoratori e degli artigiani e il suo culto si affermò soprattutto nell'area di Tebe.

✶ Nel *Libro dei Cancelli*, un testo di formule magiche scritto su papiro rinvenuto in numerose tombe, Miuty (conosciuto anche come Mati o Meeyuty) è un dio dalla testa di gatto che sorveglia l'ingresso all'undicesima divisione del Duat (il regno dei morti egiziano).

✶ Nefertum, figlio di Ptah e di Sekhmet, appare solitamente come un giovane uomo che indossa un fiore di loto sulla testa, da cui escono due piume: identificato con il giovane dio Atum, signore della creazione e del sacro loto, nella cappella a lui dedicata all'interno del tempio di Seti I ad Abydos viene rappresentato come un uomo dalla testa di leone, suggerendo così strane associazioni con Mihos, il dio leone figlio di Bastet.

Tu sei
il Grande Gatto,
il vendicatore
degli Dèi...

Iscrizione
su una tomba reale
a Tebe

✶ Il dio Ra assume le sembianze del "Grande Gatto di Eliopoli" al-

Il "Grande Gatto di Eliopoli" uccide il serpente Apep.

lo scopo di uccidere Apep (chiamato Apophis in greco), il serpente del male, una divinità negativa che soprintendeva all'oscurità e al caos.

✶ Tefnut, dea dell'umidità e del calare del Sole, insieme a suo fratello Shu, dio dell'aridità e del sorgere del Sole, costituiscono la coppia detta degli "Dèi Leoni Gemelli".

✶ Mut, dea della Luna, appartiene alla triade di divinità tebane. Rappresentata talvolta con la testa di leonessa, in certi casi è associata a Sekhmet e a Meretseger. Gli animali a lei sacri sono il leone, il gatto e l'avvoltoio.

Come si può vedere da questi esempi, la contaminazione tra gli dèi egiziani per quanto riguarda i felini è elevata, tanto che questi ultimi compaiono in molti contesti. Tuttavia quattro divinità principali sono più strettamente legate al gatto e al leone: Mafdet, Bastet, Sekhmet e Mihos.

Mafdet, l'antesignana di Bastet

È una delle divinità più antiche: dea della giustizia, custode delle stanze riservate ai sovrani e delle biblioteche, protettrice contro i morsi degli animali velenosi. Poiché scorpioni e serpenti venivano uccisi dai gatti, Mafdet fu raffigurata nelle sembianze di gatta o lince. Nell'arte appare come una donna con la testa di felino; talvolta ha i capelli intrecciati che terminano con code di scorpione, oppure serpenti sulla testa. Il suo titolo era "Signora della Casa della Vita": le biblioteche dei templi, dove si conservavano i sacri papiri e dove gli scribi e i sacerdoti imparavano la loro professione, erano chiamate "Case della Vita" e la dea soprintendeva al loro funzionamento.

Mafdet.

Un'altra prerogativa di Mafdet era quella di ispirare il faraone riguardo alle condanne da emettere contro i criminali, e le era anche affidato il giudizio delle anime nell'aldilà. Veniva infine invocata per i suoi poteri di guarigione. Il suo culto, affermatosi fin dalla I Dinastia (intorno al 3000 a.C.), fu poi sostituito da quello di Bastet.

Bastet, la dea gatta

Bastet era considerata la dea dell'amore, della sessualità, della fertilità, della famiglia, della casa, dei figli e della musica. Veniva rappresentata come una donna con la testa di gatto, vestita in un lungo abito aderente, che regge il sistro nella mano destra e porta un canestro appeso al braccio sinistro. Poteva avere gattini ai suoi piedi, come collegamento con la maternità. In altre raffigurazioni la dea appare interamente sotto le sembianze di un gatto adorno di collari preziosi, gioielli e iscrizioni.

> *Sognando, essi prendono*
> *i nobili atteggiamenti*
> *delle grandi sfingi*
> *allungate al limite delle*
> *solitudini, che sembrano*
> *addormentarsi in*
> *un sogno senza fine.*
> *I loro fianchi fecondi*
> *sono pieni di scintille*
> *magiche e particelle*
> *d'oro, come una sabbia*
> *minuta, costellano*
> *vagamente le loro*
> *mistiche pupille.*
> Charles Baudelaire

Secondo alcune tradizioni era figlia di Ra, dio del Sole, e di Iside, dea della Luna; altre leggende la ritengono primogenita di Amon, in origine dio dell'aria e successivamente dio supremo del pantheon egiziano assimilato al Sole sotto il nome di Amon-Ra. Bastet era associata all'alba con il titolo di "Signora dell'Est", proponendosi in prin-

"Bastet" in geroglifici.

cipio come dea solare, ma in seguito verrà collegata alla Luna: il titolo diventa allora quello di "Signora di Bubasti", dal nome della città a lei dedicata. Bast, Ubastet e Pasht sono le varianti del suo nome. I Greci identificarono Bastet con Artemide, i Romani con Diana.

Numerose opere di artigianato raffiguranti la dea Bastet (statuine, monili e simili) sono state ritrovate sia nelle necropoli di gatti, come quella di Bubasti, sia in altri siti archeologici. Tali manufatti venivano fabbricati in grande quantità vicino ai templi dedicati alla dea, per essere venduti ai fedeli che li deponevano all'interno dei templi stessi allo scopo di commemorare un pellegrinaggio o la partecipazione a una celebrazione religiosa, o ancora per ringraziare la dea o chiedere il suo aiuto. Quando questi ex-voto divenivano troppo numerosi i sacerdoti li seppellivano in fosse appositamente create, dove sono stati ritrovati dagli archeologi.

Sposa di Atum, dio primordiale della creazione e signore del sacro loto, Bastet era madre di Mihos.

Statuetta di Bastet, Londra, British Museum.

Gli attributi di Bastet

Le statuette di Bastet in forma umana con testa di gatto la ritraggono di solito in piedi, su un basamento, con le gambe unite e il corpo fasciato da una tunica aderente lunga fino alle caviglie.
Il modello dell'abito, con lo scollo a "V" e le corte maniche che coprono solo le spalle, è tipico di questa dea e lo si ritrova esclusivamente nelle sue raffigurazioni.
Nella mano destra regge il sistro, uno strumento musicale molto diffuso nell'antico Egitto, costituito da un arco ricurvo all'interno del quale erano assicurati alcuni dischetti di metallo che, agitati, producevano un suono capace di calmare e affascinare la dea, in modo che quest'ultima fosse più propensa ad ascoltare le invocazioni dei fedeli.
Nella mano sinistra troviamo l'egida recante una testa di leonessa sormontata dal disco solare e dall'*ureo*, il serpente sacro simbolo del potere supremo: disco solare e serpente ci ricordano che Bastet è figlia del dio Ra e come tale le è riconosciuta una posizione particolare nel pantheon egiziano.
Il sistro e l'egida fanno riferimento ai due aspetti opposti e complementari della dea, talvolta leonessa pericolosa e irascibile, talvolta gatta pacifica e protettrice. Intorno al collo porta l'occhio *udjat* (detto anche "occhio di Horus"), simbolo della completezza e dell'integrità: si presenta come un occhio umano ornato da una lacrima di falco ed è capace di favorire la visione sottile di cose e situazioni.
Infine, dal braccio pende talvolta un piccolo paniere a indicare il potere di assicurare il cibo materiale e il nutrimento spirituale.

Nella magia felina Bastet viene invocata per la consacrazione del gatto personale come assistente magico, per compiere rituali sull'amore, per propiziare la gravidanza e per armonizzare le situazioni domestiche.

Bastet antropomorfa, Londra, British Museum.

Bubasti, la città di Bastet

Bubasti, nel delta del Nilo, era la città consacrata alla dea gatta. Si usa comunemente ricordarla con il suo nome greco, ma gli Egiziani la chiamavano "Per Bastet", cioè "Casa di Bastet". La località archeologica, nella quale rimangono oggi solo poche rovine, ha assunto il nome di Tell-Basta, ed è situata in prossimità della moderna città di Zagazig.

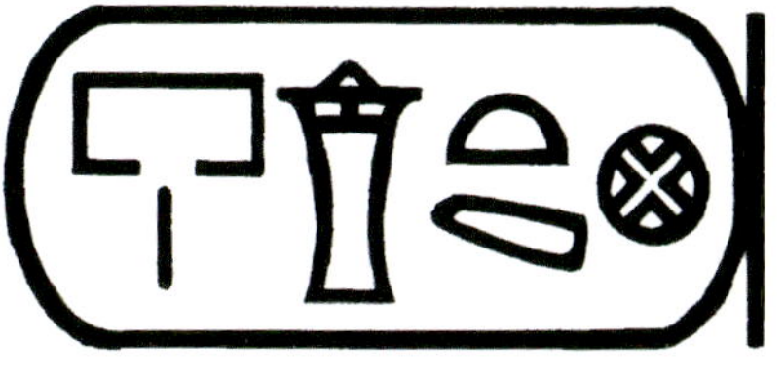

"Per Bastet", nome originale di Bubasti in geroglifici.

Benché esistesse all'epoca della IV Dinastia (intorno al 2500 a.C.), l'ascesa politica di Bubasti fu dovuta ai faraoni di origine libica della XXII Dinastia (945-715 a.C.), che vi si stabilirono facendone la capitale del regno. La città conservò la propria importanza fino all'età romana.

L'edificio principale era rappresentato dal grande tempio dedicato alla dea, collocato al centro della città e descritto da Erodoto che lo visitò nel 450 a.C. Costruito in granito rosso, misurava 300 metri di lunghezza e 50 di larghezza; sorgeva su una specie di isola circondata da due canali le cui acque, provenienti dal Nilo, si interrompevano in prossimità del portale di ingresso; intorno ai canali erano piantati alberi e arbusti in modo da formare un boschetto. Nella parte più interna del tempio era custodita la statua della dea, circondata da alberi. Dappertutto gatti vivi, ingioiellati come incarnazioni della dea, venivano adorati e accuditi dai sacerdoti e dagli altri addetti alle funzioni

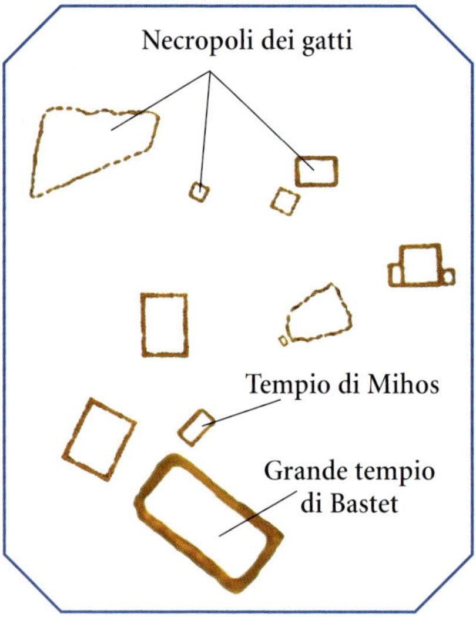

Sito archeologico di Bubasti con gli edifici sacri.

Rovine di Bubasti.

religiose; attraverso lo studio del loro comportamento si traevano oracoli, così come accadeva in Grecia e Roma con l'analisi del volo degli uccelli. Accanto al tempio sorgeva un edificio sacro più piccolo, dedicato al dio leone Mihos, figlio di Bastet.

Il grande tempio di Bubasti era il principale punto di riferimento per l'adorazione della dea gatta, sebbene non mancassero in Egitto altri luoghi di culto a lei dedicati, ad esempio nella città di Leontopoli.

Molti dei gatti comuni allevati in altre zone del regno alla loro morte venivano trasferiti a Bubasti per essere inumati con tutti gli onori: si credeva che gli amati animali, seppelliti in quel luogo sacro, assicurassero il diretto inoltro alla dea delle preghiere dei loro padroni. Edouard Neville, archeologo, scavò a Bubasti nel 1887 e scoprì il tempio principale, le catacombe con un numero impressionante di mummie di gatti (si dice almeno 300 000) e alcune cappelle reali, prova che anche i faraoni veneravano Bastet.

> *Oh, Gatta di Lapislazzuli,*
> *dalle forme slanciate,*
> *Signora della casa*
> *d'imbalsamazione,*
> *porta la pace*
> *al bell'Occidente…*
>
> Papiro funebre
> di Espaheran
> (circa 900 a.C.), Oxford,
> Bodleian Library

La grande cerimonia annuale in onore della dea si teneva in aprile, ed era molto popolare. Sempre secondo Erodoto migliaia di persone sfilavano suonando, cantando, ballando e lasciandosi andare a comportamenti spensierati; venivano poi celebrati sacrifici e rituali, si beveva e si faceva festa per alcuni giorni e si dava sepoltura ai gatti mummificati che giungevano da ogni parte dell'Egitto.

Sekhmet, la dea leonessa

Sekhmet era l'opposto di Bastet: una dea spaventosa, capace di incutere timore e dare la morte o diffondere la malattia. È raffigurata come una donna con la testa di leonessa, con un copricapo sormontato dal disco solare e dal-

Scena tratta dalla serie televisiva americana Joseph.

"Sekhmet" in geroglifici.

l'*ureo*, il serpente sacro simbolo del potere.

Sekhmet personifica i raggi del Sole ed è lo strumento della vendetta di Ra; ma aveva anche il compito di proteggere i medici assicurando la guarigione. Dea della guerra e della distruzione, associata al fuoco, al colore rosso e al sangue sparso in battaglia, le sono assegnati epiteti come "La Terribile" e "La Potente"; quando invece appare nel ruolo di protettrice diventa "Gli Occhi di Ra", poiché veniva invocata allo scopo di annientare i nemici dell'Egitto.

Statua di Sekhmet, Parigi, Museo del Louvre.

Sekhmet era considerata la sposa di Ptah, dio creatore precedente ad Atum e demiurgo della città di Menfi, patrono degli artigiani e degli architetti; dall'unione dei due nacque Nefertum, il dio a cui abbiamo accennato sopra. Il culto della dea leonessa aveva il suo centro nella città di Leontopoli, nome greco dell'egiziana Menset (odierna Tell el-Muqdam); successivamente venne adorata anche a Menfi. Molte statue di Sekhmet sono state trovate nel tempio della dea Mut a Karnak. Nelle pratiche magiche Sekhmet è la divinità da invocare per ottenere protezione, difendere la casa e la famiglia, acquisire coraggio e determinazione.

Ella ha il furore della dea Sekhmet e la dolcezza della dea Bastet.

Il mito dell'Occhio del Sole, iscrizione del tempio di Philae, circa 150 a.C.

Mihos, il figlio di Bastet

Secondo la tradizione più affermata Mihos, chiamato anche Maahes o Miysis, era il figlio della dea gatta e di Atum. Altre fonti lo vedono come figlio di Bastet e di Ptah, ma questa associazione sembra derivare dalla confusione della dea gatta con Sekhmet. Dio della guerra, signore dell'orizzonte, protettore del faraone quando questi andava in battaglia, si riteneva che Mihos ogni notte, nella barca solare, aiutasse Ra a uccidere il serpente Apep. Nell'epoca greca gli fu attribuito anche il controllo sui venti e sulle tempeste. Gli oli e i profumi erano a lui consacrati. Veniva rappresentato come un uomo dalla testa di leone che porta in mano una spada o un coltello; sulla testa poteva avere il di-

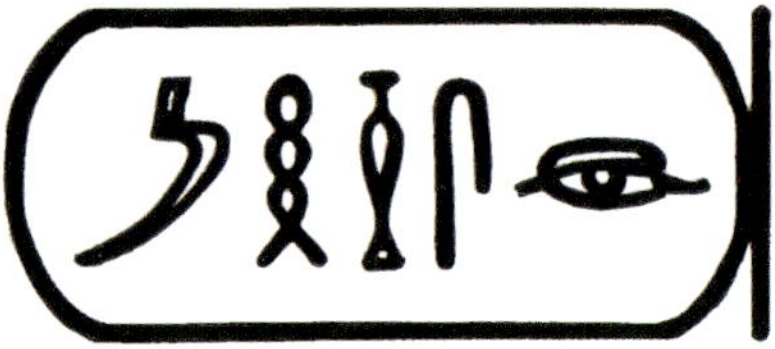

"Mihos" in geroglifici.

sco solare, l'*ureo* e talvolta la corona *atef* (un copricapo allungato di colore bianco, affiancato da due piume di struzzo e recante un piccolo disco sulla sommità). I suoi titoli erano: "Colui che brandisce il coltello", "Il Signore Scarlatto" e "Il Signore del massacro" in riferimento alle sue doti guerriere. Gli erano dedicati templi soprattutto nelle città di Bubasti e Leon-

Il dio dalla testa di leone (I secolo a.C.).

topoli: in quest'ultima località era anche presente una necropoli di leoni sacri. Mihos inoltre scacciava il male, proteggeva gli iniziati e montava la guardia durante l'esecuzione dei riti magici. Personificazione del calore estivo, lo troviamo legato ad altre divinità come aiutante o per le sue caratteristiche leonine. Gli incantesimi che prevedono l'intervento di Mihos sono quelli volti a rafforzare il potere personale, ad affermare il coraggio e a proteggere le operazioni esoteriche dalle influenze negative.

I giorni egiziani

Secondo una leggenda tre giorni dell'anno sono chiamati "giorni egiziani", in quanto erano ritenuti molto importanti dagli antichi sacerdoti. Si tratta dell'ultimo lunedì di aprile, del secondo lunedì di agosto e del terzo lunedì di dicembre: ciascuno di questi, essendo un giorno lunare, è associato alle dee Bastet e Sekhmet. Potete dunque invocare, nell'arco delle 24 ore di tali giorni, le due divinità feline in modo da sviluppare maggiore energia durante una meditazione o un incantesimo. I rituali lunari esposti più avanti, nel capitolo relativo, avranno maggiori probabilità di riuscita se verranno effettuati in questi tre giorni particolari. Provate ad aggiungere i versi seguenti in chiusura a ogni formula magica, qualora venga recitata in uno dei giorni egiziani:

Ascoltami leggiadra … (nome della dea), Signora dell'arcano,
e rafforza la mia magia in questo giorno egiziano.

Il gatto nelle altre culture dell'antichità

Gli esseri umani sono attirati dai gatti
perché essi sono tutto ciò che noi non siamo:
riservati, eleganti in ogni movimento, rilassati,
sicuri di sé, amanti della compagnia,
pur possedendo ancora esistenze segrete.

Pam Brown

Anche in altre parti del mondo il gatto era venerato secondo modalità diverse, sia come animale dotato di poteri particolari sia come simbolo di energie superiori. A volte le sue caratteristiche sono negative ed è quindi avversato e temuto, ma nella maggioranza dei casi gli viene riconosciuto il rango di portafortuna, di spirito protettore o di vera e propria divinità. I grandi felini come tigri, leoni e pantere acquistano la stessa simbologia del gatto domestico e vengono accomunati ad esso. Nume-

Mosaico di gatto da Pompei, Napoli, Museo Archeologico Nazionale.

rose leggende e tradizioni si intrecciano, dando origine a un panorama molto variegato di cui non sempre è facile seguire le diramazioni.

Grecia

Rifacendosi alla tradizione egiziana i Greci erano soliti tenere gatti sulle navi, poiché si credeva che i felini, per il loro collegamento con le divinità atmosferiche, fossero capaci di allontanare le tempeste e di propiziare i venti favorevoli. I gatti, beniamini dei marinai, a partire dall'VIII secolo a.C. presero a navigare sulle navi greche che solcavano il mare per andare a fondare colonie in Italia meridionale, in Francia, in Spagna e nei Balcani. I mici si trovavano bene a bordo: erano amati e rispettati oltre che per i loro presunti poteri magici anche per il fatto che uccidevano i topi proteggendo così le provviste.

La presenza dei gatti nell'antica Grecia è provata dalle raffigurazioni sui vasi del V secolo a.C.; nelle terrecotte di produzione greca provenienti dall'Italia del Sud troviamo le prime immagini di gatti domestici, tenuti sulla spalla dal loro padrone oppure utilizzati nella caccia agli uccelli. In molte case di Atene venivano allevati gatti e ghepardi addomesticati, considerati amici dell'uomo. I felini rimandavano ad Artemide, dea della Luna, della cac-

Statua di Dioniso con una pantera e un satiro, II secolo d.C., Roma, Palazzo Altemps.

cia e signora degli animali, corrispondente alla romana Diana. Tra i poteri di Artemide c'era quello di entrare nel corpo di un gatto o di assumerne la forma.

I mici erano poi cari ad Atena, soprattutto come simbolo di saggezza e per la loro capacità di vedere nel buio; ma anche Ecate e Demetra in alcuni miti presentano legami con i felini. Erodoto e Plutarco spiegano l'associazione del gatto con l'energia lunare avanzando varie ipotesi: l'amore dei felini per la Luna, la loro attività prevalentemente notturna, gli occhi fosforescenti nella notte e la variazione del diametro delle pupille che ricorda le fasi lunari.

A Dioniso, dio del vino, dell'agricoltura, della fertilità e dell'estasi, veniva associata la pantera. Dioniso era figlio di Zeus e di Semele, una donna mortale: incarnava tutto ciò che vi è di istintivo, caotico e irrazionale nella vita. In suo onore venivano celebrati i misteri eleusini (dal nome della città di Eleusi), durante i quali i partecipanti tentavano di trascendere la coscienza attraverso il vino, le droghe e l'iniziazione a riti segreti.

Il gatto, infine, appare come protagonista nelle favole di Esopo, dove tuttavia viene rappresentato nelle vesti di un animale furbo, opportunista, disposto a qualsiasi compromesso pur di raggiungere i suoi scopi. Probabilmente queste favole hanno contribuito a diffondere l'idea del gatto come animale negativo riscontrabile in certi proverbi occidentali.

Roma

Alcuni miti sostengono che fu Taras, figlio del dio Poseidone e fondatore della città di Taranto, a portare per primo in Italia il gatto proveniente dall'Egitto. In precedenza il gatto era sconosciuto a Roma, tanto che per difendersi dai topi si ricorreva a donnole e furetti. Plinio il Vecchio, nella sua *Storia naturale*, afferma che gli antichi Romani impararono ad apprezzare il gatto non solo per le sue qualità di cacciatore, ma anche per la sua bellezza e per il suo spirito indipendente: venne considerato il simbolo della libertà, tanto che la dea romana Libertas ha un gatto ai suoi piedi, e alcune legioni romane portavano l'effigie di un gatto sui loro stendardi. Numerosi affreschi e mosaici ritraggono i felini per la loro grazia ed eleganza.

I gatti,
come categoria,
non hanno mai
completamente
superato il complesso
di superiorità
dovuto al fatto che,
nell'antico Egitto,
erano adorati
come dèi.

Pelham Grenville
Wodehouse

La maggiore divinità incaricata della protezione dei gatti era

Gatto e anatre, 120-100 a.C., Napoli, Museo Archeologico Nazionale.

comunque Diana: la dea aveva concesso ai felini poteri magici, e quando un gatto nero moriva veniva cremato e le sue ceneri sparse sui campi per propiziare il raccolto.

Nel 10 a.C. l'imperatore Ottaviano Augusto, mentre detta le proprie memorie, parla della sua gatta con queste parole: «La mia gatta dal pelo lungo e dagli occhi gialli, la più intima amica della mia vecchiaia, il cui amore per me sgombro da pensieri possessivi, che non accetta

Diana, dea della caccia e della Luna

È una delle divinità femminili più importanti della mitologia romana, custode dei boschi, delle fonti e dei torrenti, protettrice degli animali selvatici. Giovane vergine abile nella caccia, amante della solitudine e nemica dei banchetti, veniva invocata dalle donne, alle quali assicurava parti non dolorosi.

In certe tradizioni rappresentava la purezza e la castità. Il maggiore tempio a lei dedicato si trovava sul colle dell'Aventino; il lago di Nemi, sui colli Albani, era un altro centro di culto. Associata alla Luna, la figura di Diana coincide talvolta con quella della dea Selene.

In molti riti praticati dai Romani Diana era venerata come divinità trina, corrispondente al punto di congiunzione tra Terra, Cielo e Luna.

Nella magia felina è simbolo di femminilità e di purezza; protegge la gravidanza e assicura il controllo sulle energie delle natura, come le piante e gli animali.

obblighi più del dovuto […]. Mia pari, così come pari agli dèi, non mi teme e non se la prende con me, non mi chiede più di quello che sono felice di dare […]. Com'è delicata e raffinata la sua bellezza, com'è nobile e indipendente il suo spirito; come straordinaria la sua abilità di combinare la libertà con una dipendenza restrittiva».

La Diana di Versailles,
Parigi, Museo del Louvre.

Gallia e Isole Britanniche

Presso i Celti della Gallia sembra che i gatti non fossero molto amati, in quanto erano visti come incarnazione di forze malvagie. Tuttavia è difficile trovare indicazioni precise poiché quell'antica popolazione non ha lasciato documenti scritti: per studiarne la religione e i costumi bisogna ricorrere ad altre fonti, come le narrazioni degli autori classici di Roma e della Grecia. Alcuni miti assegna-

no ai Celti la pratica di fissare un gatto negli occhi allo scopo di accedere alle dimensioni spirituali, ottenendo così la soluzione di misteri; è dunque probabile che l'animale avesse un ruolo importante nei riti magici e religiosi. Leggende più recenti, tipiche del Sud della Francia e non assimilabili ai Celti, raccontano di uno spirito chiamato Matagot, che assume la forma di un gatto ed è capace di apportare ricchezza in una casa se viene ben nutrito e coccolato.

Il gatto ha nove vite. Tre son per giocare, tre per vagare e tre per dimorare.
Proverbio inglese

La dea Cerridwen o Caridwen appare nella mitologia del Galles come originaria dei territori del Nord posti intorno al lago Tegid. Protettrice di poeti e cantori, è associata al grano, alla fertilità, alla morte e alla rinascita; il culto del gatto la riguarda in termini negativi. Infatti secondo riferimenti contenuti nelle *Triadi dell'isola di Britannia* (antichi testi letterari gallesi) la dea, trasformatasi in scrofa, partorì un gattino alla gente dell'isola di Anglesey; il micio crebbe ben presto fino a raggiungere le dimensioni di un cavallo e continuò a crescere assumendo una mole gigantesca, diventando il Cath Palug (*cath*, nella lingua locale, era la parola per gatto e *palug* sarebbe stato l'uomo i cui figli avrebbero accudito l'animale).

La gente si fidò del Cath Palug e lo accolse come un protettore, ma questo portò invece rovina e distruzione.

Anche in Irlanda non sempre il gatto era visto di buon occhio. Cairbre Cinnchait è il nome di un leggendario re irlandese (I secolo d.C.), usurpatore del trono e causa della rovina del Paese: l'appellativo "Cinnchait" significherebbe testa di gatto.

In Scozia la dea della streghe rispondeva al nome di Mither o' the Mawkins (*mawkin* o *malkin* sono parole arcaiche per designare il gatto come spirito familiare della strega); inoltre una zona era chiamata County Caithness, cioè "contea dei gatti".

Infine in Inghilterra la figura del gatto attraversò alterne fortune: talvolta i gatti neri venivano considerati simboli di buona sorte, talvolta (anche in relazione alla demonizzazione dell'animale operata dalla Chiesa) qualsiasi generico rapporto con i felini era condannato come pratica diabolica. È solo in epoca moderna (a partire dal XVIII secolo) che l'Inghilterra diventa un luogo privilegiato

per l'ammirazione dei felini, i quali compaiono nella letteratura, nell'arte e nell'artigianato.

Paesi del Nord

I Germani apprezzavano il gatto come abile cacciatore di topi. Le orde di Barbari che si diffusero in Europa, afflitte dalla peste e dai topi, tenevano in grande considerazione i gatti e i loro servigi: vennero istituite leggi che proteggevano l'incolumità dei felini e il prezzo d'acquisto di questi ultimi aumentò vertiginosamente. Ad esempio, chi

Freya, dea nordica associata all'amore e alla bellezza.

uccideva un gatto posto a guardia di un granaio doveva pagare un'ammenda in carne, lana, latte o grano in quantità tale da ricoprirne il cadavere.

Anche in Scandinavia i gatti erano sacri, perché trainavano il carro della dea Freya. La simbologia dei felini coincideva più o meno con quella della altre culture che abbiamo esaminato in precedenza: femminilità, indipendenza, poteri magici, grazia e armonia.

Freya, la Signora dei gatti

Freya, dea della mitologia norrena, adorata in Scandinavia, era associata all'amore e alla bellezza. Raffigurata come una splendida donna bionda dagli occhi azzurri, comandava le Valchirie e indossava un mantello di piume di falco, che la rendeva capace di mutare forma. Aveva una collana d'oro chiamata Brisengamen, e si spostava volando su un cocchio trainato da due grossi gatti grigi simili a linci. Fra i suoi titoli vi era quello di "Signora del Gatti". Poiché il gatto era l'animale sacro alla dea, chi nutriva i gatti randagi era benedetto da Freya, la quale proteggeva anche gli innamorati. Freya era molto versata nelle arti magiche e insegnava agli altri dèi nordici come preparare pozioni amorose e realizzare incantesimi. Associata alla Luna, agli spiriti benefici, alla fertilità, alle nascite e alla divinazione, soprintende alle abilità psichiche come chiaroveggenza e intuizione. Altri simboli a lei legati sono il colore verde, i gioielli d'oro, l'ambra, il numero tredici e il venerdì come giorno della settimana.

Islam e Medio Oriente

Gli Arabi, già prima dell'avvento dell'Islam, consideravano il gatto come un'anima pura, contrariamente all'immagine che avevano del cane. Si narra che Maometto, mentre leggeva con un braccio allungato sul tavolo, fu avvicinato dal suo gatto Muezza, il quale si sdraiò sulla manica del profeta addormentandosi. Giunta l'ora della preghiera Maometto fu in dubbio se svegliare il gatto per liberare il braccio: ma l'aria estatica dell'animale lo convinse che Muezza stava comunicando con Allah, quindi preferì tagliarsi la manica della preziosa veste per poter andare a pregare senza disturbarlo. Al suo ritorno Maometto fu accolto dal gatto con grandi fusa e, commosso, decise di riservargli un posto in Paradiso. Ma non solo: lo accarezzò per tre volte sulla schiena, concedendogli la capacità di cadere sempre sulle zampe senza farsi male. Un'altra leggenda racconta che il profeta ricorresse all'acqua a cui si era abbeverato il gatto per compiere le sue purificazioni rituali e che, durante i sermoni, usasse tenere Muezza in grembo.

Ai gatti riesce senza fatica ciò che resta negato all'uomo: attraversare la vita senza fare rumore.

Ernest Hemingway

Altre civiltà del Medio Oriente, come quelle sviluppatesi in Mesopotamia, Babilonia e Sumeria, adoravano una grande divinità femminile: Ishtar, dea della Luna, della fertilità e della procreazione, il cui mito sarebbe poi confluito nella figura dell'egiziana Iside. Ishtar era spesso tratteggiata come una dea vittoriosa in battaglia, che si spostava su un carro trainato da sette leoni.

India

Nella religione induista la dea Durga è una forma di Devi, la "Madre Divina" che assume anche altre forme come Parvati e Kali. Ha per animale sacro una tigre o un leone e rappresenta l'energia creativa femminile. Durga nacque per volere degli altri dèi, tra cui Shiva, allo scopo di combattere il demone Mahishasura, che non poteva essere sconfitto da alcun uomo o essere celeste: essendo una donna guerriera la dea riuscì nell'intento. Adorata soprattutto nel Bengala,

Shasti, dea indiana della nascita.

Durga può contare su una notevole letteratura che ne narra le gesta.

Un'altra divinità indiana è Shasti, dea della nascita, la quale cavalca un gatto che simboleggia la prolificità. Come dea della maternità protegge la gravidanza, il parto e i bambini.

In India troviamo anche statue di gatti asceti rappresentanti la beatitudine del mondo animale, e il gatto è considerato la cavalcatura e l'aspetto della yogini Vidali.

Narasimha, o "L'Uomo Leone", è la quarta incarnazione del dio Visnù, raffigurato con corpo umano e testa di leone. Il suo compito era quello di annientare un demone che non poteva essere ucciso né da un dio, né da un essere umano, né da un animale. Poiché Narasimha non era nessuno di questi, ma possedeva ciascuna delle tre nature, fu in grado di trionfare sul demone.

Birmania

Il gatto birmano è probabilmente l'antenato del gatto siamese. Considerato sacro in Birmania fin dall'antichità, in passato solo la famiglia reale, i dignitari di corte e i sacerdoti erano autorizzati a possederlo. Morfologicamente simile al siamese, ha tuttavia le zampe bianche e talvolta il pelo più lungo.

La dea Durga rappresentata con il suo animale sacro, la tigre.

Una leggenda birmana narra che secoli fa i gatti completamente bianchi erano guardiani del tempio di Lao-Tsun, situato in prossimità del lago di Incaougji, dove si venerava la dea Tsuyn-Kyan-Kse, effigiata come una statua d'oro con occhi di zaffiro. Mun-Ha era il sommo sacerdote della dea: circondato da un centinaio di gatti, il suo preferito era Sinh, che svolgeva funzioni di oracolo ispirando il sacerdote prima di ogni decisione. Il gatto Sinh, bianco e con gli occhi gialli, viveva insieme al suo padrone in contemplazione della dea: quest'ultima aveva il potere di concedere il trasferimento dell'anima nel corpo del proprio animale sacro prima che l'uomo raggiungesse la perfezione. Una notte il tempio fu assalito da un gruppo di invasori e Mun-Ha fu ucciso. Sinh saltò immediatamente sul corpo del sacerdote, rivolse lo sguardo verso la statua della dea e in quell'istante l'anima di Mun-Ha si trasferì nel gatto: gli occhi del-

Il gatto birmano.

l'animale si trasformarono in azzurri come quelli della dea, il pelo si tinse di sfumature dorate e ciascuna zampa divenne marrone, ad eccezione della parte terminale che rimase bianca poiché era a contatto con la purezza delle spoglie del sacerdote. Sinh fissò con un'espressione autoritaria la porta sud del tempio, cosicché gli altri sacerdoti la chiusero impedendo agli invasori di proseguire oltre. Sinh morì sette giorni dopo il suo padrone; gli altri sacerdoti si riunirono davanti alla statua della dea per scegliere il successore di Mun-Ha e, con loro sorpresa, videro entrare tutti gli altri gatti in processione: ciascuno di essi era diventato come Sinh, con gli occhi azzurri e le altre caratteristiche.

Da questa leggenda deriva il nome della razza "gatto sacro di Birmania".

Cina

I Cinesi credevano che i gatti avessero il potere di scoprire gli spiriti maligni e metterli in fuga, tanto che manufatti di argilla raffigurandi gatti seduti, con gli occhi spalancati, venivano collocati sui muri esterni delle case e sotto le grondaie allo scopo di tenere lon-

猫

L'ideogramma cinese che indica il gatto.

tane le energie negative. I felini venivano poi impiegati per proteggere i bachi da seta. Nella stagione in cui i bachi dovevano essere nutriti gli allevatori si procuravano quanti più gatti era possibile, ritenendo che la sola presenza di questi animali fosse un deterrente contro i topi e contro le eventuali calamità che si sarebbero potute abbattere sui preziosi bachi da seta. Se l'allevatore non disponeva di gatti vivi ricorreva a pitture di gatti guardiani da affiggere sulle pareti.

Nel *Li Ki*, tradotto come *Libro dei Riti*, un testo cinese compilato intorno al 200 a.C. nel quale si trattano le pratiche religiose, viene menzionato Li Shu, un dio gatto adorato dagli agricoltori affinché proteggesse il raccolto dalla minaccia dei roditori.

Giappone

Si pensa che i gatti domestici siano stati introdotti in Giappone verso il VII secolo d.C. Analogamente alla Cina vennero impiegati per proteggere dai topi le colture di bachi da seta; inoltre nei templi avevano il compito di tenere lontani i roditori dai manoscritti.

Un cronista riporta che nell'anno 999 d.C., durante il regno dell'imperatore Ichijo, cinque gattini bianchi nacquero nel palazzo imperiale e il sovrano ordinò ai corti-

Utagawa Kuniyoshi, Donna con gatto in braccio, *1852.*

giani di accudirli e vezzeggiarli come esseri di sangue reale. Successivamente furono contemplate pene per chi maltrattasse o rinchiudesse i felini domestici.

Tuttavia nel Medioevo si cominciò a distinguere tra gatti portafortuna (in particolare quelli detti "a squame di tartaruga", cioè con il mantello pezzato bianco, nero e arancione) e felini malefici, i quali incarnavano entità negative. I seguaci dello yoga apprezzarono l'immagine trasmessa dal gatto che dorme accovacciato su se stesso come posizione capace di armonizzare il fluido vitale; per i buddisti invece l'animale divenne il simbolo della purezza e fu considerato l'intermediario fra il popolo e il Budda. Ma si narra anche che, convocato insieme agli altri animali per assistere all'ingresso di Budda nel Nirvana, il gatto si sarebbe addormentato giungendo così in ritardo alla cerimonia; oppure gli si rimprovera il fatto che sarebbe stato l'unico animale a non piangere per la morte del grande illuminato. In sua difesa si potrebbe dire che il gatto, da vero maestro zen, non si scompose perché aveva intuito che Budda era semplicemente passato in una dimensione più alta, migliore di quella terrena.

Nell'epoca odierna i gatti sono amati e rispettati in Giappone. Il gatto nero è considerato di buon auspicio, tanto che possederne uno o incontrarlo per strada favorisce l'arrivo di situazioni fortunate; secondo un'antica credenza buddista un gatto nero procura l'oro al suo padrone, mentre un gatto bianco attira l'argento. A Tokyo è presente il tempio Gotokuji, nel quartiere di Setagaya, in parte dedicato ai gatti: la leggenda vuole che proprio in quel tempio si sia originato il Maneki Neko, uno dei più conosciuti portafortuna giapponesi. Il Maneki Neko è la raffigurazione di un gatto seduto con una delle zampe anteriori alzata in segno di saluto e buon augurio. Statuette, ciondoli e rappresentazioni grafiche di questo celebre simbolo abbondano in vari luoghi e soprattutto nei negozi per la loro facoltà di attirare il denaro: spesso le statuette hanno la zampa mobile che oscilla verticalmente.

Statuette del Maneki Neko nel tempio Gotokuji a Tokyo.

Culture precolombiane

Sembra che i gatti domestici siano stati introdotti nelle Americhe dai conquistatori spagnoli; tuttavia, le civiltà che si svilupparono nel continente prima dell'arrivo di Colombo nutrivano una certa ammirazione per i felini, soprattutto per il giaguaro e il puma. Ciò vale in generale per tutte le etnie (tra cui gli Olmechi e i Toltechi, dei quali abbiamo scarse informazioni), ma in alcuni casi compaiono vere e proprie divinità associate a questi animali.

Gli Aztechi veneravano Tepeyollotl (il cui nome significa "Cuore della Montagna"), dio dei terremoti, dell'eco e dei giaguari: rappresentato come un giaguaro che si protende verso il Sole, è considerato un aspetto del dio Tezcatlipoca. A quest'ultimo era associata un'ampia gamma di concetti come notte, terra, ossidiana, discordia, sovranità, magia, bellezza e guerra. Le macchie sulla pelliccia di Tepeyollotl simboleggiano le stelle del cielo. I Maya onoravano Cit

Il dio azteco Tepeyollotl.

Chac Coh, dio della guerra considerato il "Gemello del Puma", tenendo festeggiamenti periodici; Itzamna era invece il dio della guarigione e della saggezza, e appare talvolta come il fondatore della civiltà Maya: a lui erano sacri i giaguari e le lucertole.

Il dio moche Ai Apaec.

Durante l'epoca preincaica (I-VII secolo d.C.) sulla costa settentrionale del Perù si sviluppò la civiltà Mochica o Moche, la quale raggiunse un alto livello in vari settori, come testimoniano i resti dei templi piramidali, dei palazzi e delle fortificazioni ancora presenti nei siti archeologici. Tra i vari dèi spiccava Ai Apaec, rappresentato con zanne e baffi simili a quelli di un grosso felino, che indossa talvolta un copricapo di pelle di giaguaro e orecchini a forma di serpente. Era una divinità del cielo a cui si attribuiva la protezione degli agricoltori, dei pescatori e dei cacciatori; soprintendeva poi alla facoltà di riproduzione dell'uomo.

Anche per gli Inca il giaguaro era un animale sacro e molte tribù dei Nativi americani tenevano in alta considerazione gli animali, tanto da rappresentarli nei loro totem. Ad esempio tra i Quechua del Sud America incontriamo uno spirito dalle sembianze di gatto, chiamato Ccoa, signore dei fulmini e della grandine, che se non viene placato con cerimonie religiose può colpire le messi e la popolazione; per i Pawnee del Nord America il gatto è un animale sacro simbolo di destrezza, riflessione e ingegnosità, e come tale può essere ucciso solo in certi riti.

Le maggiori divinità legate ai felini

Bastet La principale dea egiziana dei gatti simboleggia la femminilità, la sensibilità e la magia; protegge i bambini, l'amore, la fertilità, la famiglia e la casa.

Diana Associata alla Luna, alla femminilità e alla magia, protegge la gravidanza e intrattiene un rapporto privilegiato con la natura, i boschi, gli animali e le piante.

Dioniso Dio dell'agricoltura e del vino, tra gli animali a lui sacri troviamo la pantera. È di aiuto nel bisogno di esprimersi, nel modo di cogliere la vita e i suoi piaceri: inclina a osare nell'amore e a vivere senza tabù.

Durga Dea indiana dall'aspetto guerriero, raffigurata a cavallo di una tigre o di un leone. Aiuta a sconfiggere le energie negative e a dare risalto alle prerogative femminili.

Freya Dea nordica dell'amore e della bellezza, le erano consacrati i gatti domestici e la lince. Viene invocata per magie relative all'amore, alla passione, all'intuizione e alla divinazione.

Mafdet Dea egiziana raffigurata con il corpo di donna e la testa di felino, sulla quale appaiono dei serpenti. Assicura la buona riuscita dei rituali di guarigione e protezione.

Mihos Figlio di Bastet, è un dio leonino simbolo del coraggio e dell'abilità in battaglia. Protegge tutte le operazioni magiche, incentiva il potere personale e la sicurezza di sé.

Sekhmet Dea egiziana con il corpo di donna e la testa di leone, conosciuta anche come "La Potente". Da invocare per stimolare il coraggio, per allontanare le influenze negative e favorire la protezione.

Shasti Dea indiana della gravidanza, della maternità e dei figli, ha come animale simbolico il gatto.

Il famiglio della strega

Occhi verdi di gatto volano nel buio a mezzanotte,
insieme alla strega sulla sua scopa sfilacciata,
sopra oscure colline dove incombono i falò.

Myra Cohn Livingston

Con l'avvento del Cristianesimo in Occidente il mito del gatto subì un duro colpo: la Chiesa attribuì all'animale poteri malefici, opponendosi a ciò di cui esso era simbolo, come la femminilità, la sensualità, l'esoterismo, l'intuizione e le percezioni psichiche.

Fu così che, in uno dei periodi più tetri della storia, un numero incalcolabile di gatti fu sterminato, talvolta con torture da far accapponare la pelle; e insieme ai gatti furono trucidate migliaia di donne accusate di stregoneria e di connubio con il diavolo per mezzo del loro demone familiare: il gatto, appunto. Per l'Inquisizione le donne che allevavano gatti (specialmente se neri) e si intendevano di piante medicinali erano streghe *tout court*, impegnate a operare rituali nefasti; e la cosa più grave fu che le autorità giudiziarie sostennero ovunque la linea di pensiero del clero, non esitando a condurre massicce persecuzioni contro le presunte streghe e i loro gatti.

Con l'intento di liberare il mondo dagli spiriti infernali che si incarnavano nei felini, la notte di San Giovanni nelle pubbliche piazze di ogni città venivano bruciati vivi centinaia di gatti chiusi in ceste di paglia; altri metodi di sterminio dei poveri animali, quali la crocifissione e l'annegamento, erano contemplati ovunque nella "religiosa" Europa che si riconosceva nel Cristianesimo. San Francesco d'Assisi agì in contrapposizione rivalutando il creato e tutti gli animali senza distinzione, ma rimase un caso isolato, così come divennero oasi particolari i monasteri dove i gatti venivano allevati dai monaci (un esempio è dato dal gatto certosino).

Verbale del processo contro una presunta strega della città tedesca di Schiltach (1533).

Le "cacce alle streghe" ebbero luogo soprattutto tra la fine del 1400 e la prima metà del 1600. Le donne ritenute streghe (e a volte anche i loro figli, soprattutto se fem-

mine) appartenevano per lo più alle classi popolari e soltanto una piccola minoranza poteva essere annoverata tra i veri e propri criminali colpevoli di gravi reati. La stragrande maggioranza era invece composta da persone innocenti, di ogni età e condizione, spesso levatrici e guaritrici che tramandavano antiche conoscenze terapeutiche. Molte di loro vennero torturate e arse vive con le motivazioni ufficiali più varie, ma spesso in base a denunce anonime mosse anche da futili ragioni. Nel 1487 venne pubblicato in Germania il *Malleus Maleficarum* (tradotto come *Il martello delle streghe*), redatto dai frati domenicani Heinrich Kramer e Jacob Sprenger, che divenne il testo di riferimento per la caccia alle streghe. In Italia, tra le più famose operazioni condotte contro la stregoneria, troviamo il caso di Triora, cittadina ligure in provincia di Imperia dove dal 1587 al 1589 si tennero numerosi processi; comunque le persecuzioni furono ben più numerose in Francia, Germania e Gran Bretagna.

In ogni Paese le streghe erano accusate di trasformarsi in gatti allo scopo di lanciare incantesimi o sfuggire alla cattura; era poi radicata la convinzione che i felini domestici fossero il mezzo privilegiato per comunicare con gli spiriti. In Gran Bretagna, dove tra la seconda metà del 1500 e la fine del 1600 molte donne finirono sul rogo o vennero impiccate, troviamo numerosi atti processuali nei quali il malcapitato animale è chiamato in causa insieme alla sua padrona. Ad esempio Agnes Waterhouse e il suo micio di nome Sathan; oppure Isobel Gowdrie, una strega scozzese che si dice usasse la formula seguente per trasformarsi in gatto:

I shall goe intill ane catt,
with sorrow, and sych,
and a blak shott;
and I shall goe in the Devil's name,
ay while I come home againe.

Mi trasformerò in un gatto,
con affanno, e sospiri,
e un nero sussulto;
e mi trasformerò nel nome del Diavolo,
finché non tornerò a casa.

Ancora in Gran Bretagna, intorno al 1570, William Baldwin pubblica il libro *Beware the Cat*, dove si afferma che una strega può assumere sembianze feline per un massimo di nove volte: da qui si è originata probabilmente la credenza relativa alle nove vite del gatto, diffusa principalmente nei Paesi anglosassoni (altrove il numero di vite di cui i felini godrebbero è stimato in sette). Nel *Macbeth* di Shakespeare (opera composta probabilmente tra il 1603 e il 1606) compare Grimalkin, un gatto magico che accompagna le streghe, il cui nome deriverebbe da *grey* (il colore grigio) e *malkin*, un'antica parola scozzese che indica il gatto. In Francia un'eccezione al generale sentimento negativo ostentato contro i gatti fu rappresentato dal cardinale Richelieu (1585-1642), il quale condivideva onori e fun-

Il gatto, con i suoi occhi
fosforescenti che
brillano come lanterne,
e scintille sfavillanti
sul suo manto,
si muove senza paura
attraverso le tenebre,
dove incontra fantasmi
errabondi, streghe,
alchimisti, negromanti,
tombaroli, innamorati…
Théophile Gautier

zioni della propria carica con quattordici gatti, ai quali lasciò una parte ingente della sua eredità.

Le streghe sono state sempre messe in relazione con i gatti: tuttavia bisogna vedere cosa si intende per strega. Il termine italiano si collega alla parola greca *stryx*, cioè "strige", un demone femminile dotato di ali che si credeva succhiasse il sangue dei bambini; ma il termine inglese corrispondente è *witch*, derivante dalla parola *wit* che significa "ingegno", "intelligenza", "intelletto", "facoltà mentali". Dunque in origine, almeno nella cultura anglosassone, si associava la strega alla figura di una donna saggia, che conosceva le proprietà delle erbe e le energie della natura e non necessariamente agiva in modo malvagio.

L'intervento della Chiesa, decisa a sradicare i culti pagani, accentuò il giudizio negativo su queste "donne sagge" e sui loro gatti, anche se in passato altri animali come cani, conigli e rospi venivano associati alle pratiche di magia nera ben più frequentemente dei felini (un esempio può essere rappresentato dalla dea greco-romana Ecate, signora del mondo sotterraneo e della stregoneria, collegata ai cani neri).

L'idea del gatto come famiglio della strega – cioè come animale domestico ispiratore di riti occulti – fa parte dell'opinione comune, anche perché si è affermata nei secoli attraverso le divinità femminili esaminate in precedenza, le quali, in un modo o nell'altro, erano sempre ritenute dotate di poteri magici. Ma nel pensiero contemporaneo che tende a recuperare quanto c'è di positivo nelle tradizioni esoteriche allo scopo di promuovere l'evolu-

zione e la ricerca spirituale, il ruolo del famiglio è ben differente da quello che gli veniva affibbiato nell'ambito della caccia alle streghe.

Il famiglio è anzitutto un animale amico, degno della nostra fiducia, al quale siamo legati da un vincolo di affetto e di aiuto reciproco: esso gode di un rapporto privilegiato con il suo padrone e si caratterizza per profonde affinità che si esprimono secondo vie materiali e spirituali.

> *Non conosco i gatti. Conosco tutto il resto, [...] ma non riesco a decifrare i gatti. La mia mente slitta sul loro distacco, numeri d'oro si trovano nei loro occhi.*
>
> Pablo Neruda

Un gatto scelto come compagno domestico accorre quando lo si chiama, ci accoglie festosamente nel momento del ritorno a casa e si aggira delicatamente in ogni stanza stimolando il fluire di energie positive. Il gatto famiglio accentua nel suo proprietario la visione interiore e le qualità intuitive riguardo a persone e situazioni; la sua presenza può essere di aiuto per schermare i pensieri molesti che qualcuno vorrebbe inviarci o per favorire il buonumore in generale. L'animale ci aiuta a proteggere la casa sorvegliando le attività che in essa si svolgono; con la sua sensibilità sottile ispira in noi, attraverso i sogni o per mezzo di comportamenti diretti, il giusto modo di agire in varie occasioni.

Il famiglio non verrà mai ricercato attraverso mezzi coercitivi: è qualcosa di simile a un'anima gemella che si presenterà a noi spontaneamente solo quando saremo pronti per riceverla. Dunque, dovremo saper essere responsabili e accettare l'impegno che una simile relazione comporta.

Al di là dell'aiuto che il gatto famiglio potrà darci in specifici rituali di magia bianca, in meditazioni o in cerimonie volte al miglioramento della propria condizione senza danno per terzi, esso avvolgerà la nostra anima con la sua vibrazione d'amore rendendoci tutti streghe e stregoni provetti, intendendo con questi termini "donne e uomini saggi", capaci di comprendere e rispettare la natura e le sue energie come espressioni dell'armonia che regna nell'universo.

Dall'Illuminismo all'età contemporanea

Amo nel gatto l'indifferenza suprema
e la signorilità con cui si trasferisce
dai salotti alle grondaie.

François-René de Chateaubriand

Con l'Illuminismo vennero meno superstizioni e crudeltà, cosicché il gatto fu riabilitato e cominciò ad apparire nelle opere d'arte e in letteratura, riconquistando un posto d'onore. Scultori, pittori, narratori, filosofi e poeti lo celebrarono in una varietà di forme espressive, talvolta eleggendolo unico compagno della loro solitudine. Charles Perrault (1628-1703) nei suoi *Racconti di Mamma Oca* (pubblicati nel 1697 e successivamente tradotti in italiano da Carlo Collodi) inserisce la celebre favola del *Gatto con gli stivali*, ponendo l'accento sulle doti di fedeltà, astuzia e fantasia del gatto che si adopera per il benessere del padrone. Sulla scia della nuova moda alcune dame influenti co-

I gatti sono
esseri misteriosi.
Nella loro mente
c'è molto
più di quanto
noi possiamo
immaginare.

Sir Walter Scott

Jean-Baptiste Perronneau, Fanciulla con gatto, *Parigi, Museo del Louvre.*

minciano a farsi ritrarre insieme all'amato felino, ripristinando l'associazione dell'animale con la grazia femminile. Marie-Catherine Le Jumel de Barneville, baronessa d'Aulnoy (1650 circa-1705), autrice di fiabe che le hanno procurato una fama duratura, annovera tra le sue opere *La gatta bianca*, un racconto ancora oggi ristampato nel quale un principe incontra la sposa perfetta in una donna che gli appare inizialmente sotto sembianze da gatta.

François-Augustin de Paradis de Moncrif (1687-1770) pubblica nel 1727 a Parigi l'opera dal titolo *Storia dei gatti. Dissertazione sulla preminenza dei gatti nella società, sugli altri animali d'Egitto, sulle distinzioni e i privilegi di cui essi hanno goduto personalmente*. Il libro è composto da una serie di lettere indirizzate a una misteriosa signora, "Madame la m. d B***", attraverso le quali l'autore traccia la storia del gatto dall'Egitto ai salotti francesi del tempo, elogiandone le caratteristiche con numerose argomentazioni e concludendo con queste parole: «Il proprio gatto è per ciascuno un amico di buona compagnia, un ammirevole pantomimo, un astrologo nato, un musicista perfetto, insomma l'insieme dei talenti e delle grazie».

Sempre in Francia, verso la metà del 1700, nel palazzo di Versailles accanto a Luigi XV regna Brillant, uno splendido gatto angora di colore bianco che gode di privilegi speciali. Regalato dalla marchesa di Pompadour al re, l'animale viene dipinto su tela da Jean-Jacques Bachelier nel 1761. Anche Marguerite Gérard (1761-1837), figlia di un profumiere di Grasse, divenuta una pittrice affermata dedicherà alcune sue opere alla bellezza felina.

Marguerite Gérard,
La dama con il suo gatto.

L'Illuminismo, la Rivoluzione Francese e il Romanticismo recuperarono molti elementi dell'antichità egizia, cosicché un po' dappertutto in Europa il gatto tornò a essere celebrato in vario modo, anche come simbolo di indipendenza e libertà. Ma bisognerà aspettare la seconda metà del 1800 per avere il trionfo definitivo. Una parte del merito si deve a Louis Pasteur (1822-1895), che con i suoi studi sui batteri e sulle malattie infettive sancì il concetto di igiene: il gatto, animale sempre dedito alla pulizia personale, divenne un esempio da seguire nella lotta contro le malattie. L'allevamento selettivo allo scopo di produrre nuove razze cominciò nella seconda metà del XIX secolo, specialmente nell'Inghilterra vittoriana, dove nel 1870 fu pubblicato anche uno dei primi manuali sul felino domestico: il libro di Lady Cust dal titolo *The Cat*, nel quale l'autrice si prodiga in notizie e consigli. L'anno seguente il fascino dei gatti come animali da compagnia venne ufficialmente decretato al Crystal Palace di Londra, dove si tenne la prima mostra felina internazionale. Harrison Weir, scrittore, amante dei gatti e membro della prestigiosa Horticultural Society, fu l'organizzatore della mostra, nell'ambito della quale il pubblico poté ammirare circa duecento gatti di varie razze. La regina Vittoria vi acquistò due

> *Solleva i tuoi grandi*
> *occhi di raso nero,*
> *simili a cuscini*
> *in cui sprofondare.*
> *Esulta ai miei piedi,*
> *fantastica sfinge,*
> *e cantami tutti*
> *i tuoi ricordi.*
> Oscar Wilde

persiani azzurri, mentre il principe di Galles firmò con dedica la foto di un gatto vincitore di molti premi. Harrison Weir proseguì nel suo impegno e nel 1887 fu nominato presidente del National Cat Club, che aprì i battenti diventando un punto di riferimento per gli appassionati del gatto e ispirando la creazione di simili circoli in altre parti del mondo.

L'eco della mostra al Crystal Palace arrivò negli Stati Uniti, dove già da tempo si tenevano rassegne di gatti durante le fiere di bestiame. La prima vetrina ebbe luogo nel

Il Crystal Palace di Londra.

1881 al Museo Bunnel di Boston, ma l'evento di massimo rilievo fu organizzato nel 1895 al Madison Square Garden di New York: ancora oggi l'Empire Cat Show che si tiene in quella sede è considerata la più grande esposizione felina mondiale.

> *Sarete sempre baciati dalla fortuna se saprete fare amicizia con i gatti sconosciuti.*
> Proverbio coloniale americano

In Italia la prima mostra felina fu allestita a Torino nel 1935: da lì partirono iniziative analoghe che si diffusero in tutta la penisola. Anche da noi infatti non mancano le occasioni di celebrazione, come la Festa della Micizia che si tiene ogni anno a Gatteo a Mare, la manifestazione di Perugia che prevede due giornate dedicate ai felini, o la rassegna di dipinti e opere grafiche dal titolo Gattart organizzata annualmente a Firenze presso il Palagio di Parte Guelfa. Ma c'è di più: il 17 febbraio è la giornata italiana del gatto, introdotta nel 1990 attraverso un referendum proposto ai lettori da parte di una nota rivista per gattofili. Perché proprio il 17 febbraio? Ci sono varie motivazioni, tra cui quella astrologica legata al segno dell'Acquario, che esprime doti tipicamente feline: intuito, libertà e anticonformismo.

Nell'epoca contemporanea si assiste a un dilagare di interesse per il gatto, riconducibile all'integrazione collet-

Pierre-Auguste Renoir,
Ragazzo con gatto *(part.),*
1868, Parigi, Museo d'Orsay.

tiva dei simboli sottili che questo animale esprime. L'umanità, attraverso molteplici forme espressive, riconosce e accoglie quei simboli attraverso l'apprezzamento generale di uno dei più diffusi animali da compagnia, anche in contesti che sono venuti alla ribalta solo negli ultimi tempi. Per esempio, cosa dire delle biblioteche che ospitano uno o più gatti come *genius loci*? Se in passato si parlava di "topi di biblioteca", oggi l'attenzione si sposta sui gatti "protettori" dei libri e delle persone che lavorano in-

Gatto sulla statua della Primavera *di Volf von Hoyer, nel giardino del Museo dell'Ermitage a San Pietroburgo.*

torno ai libri. Il numero dei gatti stabilmente alloggiati nelle biblioteche, curati e nutriti con tutti gli onori, sta crescendo in vari Paesi. Si va dagli ambienti italiani, con il gatto Berio della Biblioteca Civica Berio di Genova e con Micia Mucia† della Biblioteca Comunale di San Canzian d'Isonzo, a quelli stranieri, specialmente nei Paesi anglofoni come Gran Bretagna e Australia. Addirittura, un sito Internet sull'argomento viene tenuto costantemente aggiornato (http://www.ironfrog.com/catsmap.html).

Oltre alle biblioteche ci sono alcuni musei, tra i quali il più famoso è certamente quello dell'Ermitage di San Pietroburgo, che può vantare un'antica consuetudine. Da più di 250 anni il sistema di sicurezza contro i topi è affidato a uno stuolo di gatti: «Li consideriamo impiegati del museo», ha dichiarato una delle dipendenti della prestigiosa sede espositiva.

La presenza di gatti nel Palazzo d'Inverno, la residenza storica che ospita l'Ermitage e che fu il cuore dell'impero russo, cominciò nel 1745 quando l'imperatrice Elisabetta Petrovna, figlia di Pietro il Grande, emanò un decreto nel quale si ordinava di trovare i gatti migliori, i più grossi e abili nella caccia al topo, e di portarli a corte insieme a una persona che si prendesse cura di loro. Da allora i gatti al Museo dell'Ermitage non sono mai mancati.

Gatti da biblioteca

Charlie, Library Learning Centre, Wanganui College of Learning, Wanganui, Nuova Zelanda.

Books, il gatto della Horsham College Library di Horsham, Victoria, Australia.

Red, ospite della Ewart Library di Dumfries, Scozia.

Il gatto Berio della Biblioteca Civica Berio di Genova.

Un'altra città che ha fama di regno felino è Amsterdam. Passeggiando lungo il canale Singel incontrerete *De Poezenboot*, un battello ormeggiato adibito a casa galleggiante che dal 1966 accoglie i gatti abbandonati, offrendo loro alloggio, nutrimento, cure e… la speranza di trovare prima o poi un padroncino affettuoso. Sempre ad Amsterdam sorge un museo sui gatti, il Kattenkabinet, situato nel canale Herengracht. Ma simili musei sono presenti in varie parti del mondo, come in Malesia, dove la città di Kuching, dedicata ai gatti, dal 1988 ospita un museo felino con più di 2000 opere.

Il battello dei gatti di Amsterdam.

I gatti come stelle del cinema sono un'altra conquista della modernità. Il più famoso per quanto riguarda la magia è probabilmente il siamese Cagliostro, che appare insieme a Kim Novak nella pellicola *Una strega in paradiso* del 1958. L'anno successivo Cagliostro (il cui vero nome era Pyewackett) vinse il Patsy Award (cioè il Picture Animal Top Star of the Year), un premio che ogni anno dal 1951 al 1986 venne assegnato a Hollywood all'animale che meglio aveva interpretato la sua parte in un film.

Un altro gatto attore degno di nota è Orangey, il micio arancione vincitore di due Patsy Award il quale recitò accanto a Audrey Hepburn e George Peppard nel celebre *Colazione da Tiffany* (1961). Si dice che fosse un gatto pestifero e che tentasse sempre di scappare dal set; si ribellava continuamente perfino al suo addestratore, ma possedeva un grande talento e una volta davanti alla macchina da presa sapeva comportarsi da vero attore.

Tra gli altri possiamo menzionare Syn Cat, di razza siamese, interprete di *FBI operazione gatto* (1965); il persiano Salomon in *Agente 007 - Al servizio segreto di sua maestà* (1969) e l'abissino Amber che appare ne *Il gatto venuto dallo spazio* del 1978. Una "gatta umana" che ha riscosso un certo successo sul grande schermo è Catwoman:

Kim Novak con il gatto Cagliostro in una scena del film Una strega in paradiso.

appare in un film del 1966 dedicato a Batman e in una pellicola del 2004 di cui è protagonista.

I fumetti rappresentano un altro settore per mezzo del quale i gatti hanno saputo conquistare ammirazione e popolarità. Garfield, creato intorno al 1970 da Jim Davis, detiene dal 2001 il primato come striscia a fumetti più pubblicata al mondo, mentre in Italia hanno avuto una certa fortuna le avventure di Isidoro, un gatto simile al suo alter ego americano.

> *I gatti sono incompresi perché rifiutano di spiegarsi; enigmatici lo sono solo per coloro che ignorano la potenza espressiva del silenzio.*
>
> Paul Morand

Anche la commedia musicale si è cimentata con i felini: *Cats*, dal momento del suo debutto a Londra nel 1981, è stata rappresentata in più di venti Paesi. Gli attori, truccati e travestiti da gatti grazie a costumi molto originali, cantano e ballano esaltando la grazia e la simpatia dei nostri amici a quattro zampe.

Chi è interessato a scoprire qualcosa sui gatti famosi consulti questi siti Internet:
http://en.wikipedia.org/wiki/Category:Famous_cats
http://www.citizenlunchbox.com/famous/cats.html.

Qualità esoteriche e legami sottili

Simbologia felina

Nella sua grazia impeccabile
e nella sua superiore autosufficienza
ho visto il simbolo della perfetta bellezza
e della distaccata impassibilità
dell'universo stesso, obiettivamente considerato,
e nella sua aria di silenzioso mistero
risiedono per me tutta la meraviglia
e tutto il fascino dell'ignoto.

Howard Phillips Lovecraft

Come abbiamo osservato nei capitoli precedenti i simboli legati al gatto sono molteplici, spesso intrecciati tra loro. Analizziamoli adesso uno per uno con l'intento di spiegarli meglio.

✶ Il primo parallelo è quello con la donna: la condizione femminile e il gatto sono sempre stati associati nella buona e nella cattiva sorte, secondo la considerazione di cui la donna godeva nella famiglia e nella società. Infatti, più la donna era criticata ed emarginata, più il gatto veniva perseguitato e bandito. Oggigiorno che le donne hanno ottenuto emancipazione e parità di diritti con l'uomo, guardacaso il gatto si trova inserito nello stesso percorso in ascesa. Essendo il micio un animale "al femminile", la sua natura richiama doti tipicamente femminili come la difesa della casa e della prole, la comprensione e la tolleranza nei confronti degli altri animali o delle persone derelitte.

Nei secoli la condizione femminile è stata quella di sudditanza rispetto all'uomo, poiché la donna era relegata a un ruolo secondario e misconosciuto: lo stesso si può dire per il gatto, il quale, eccettuate le epoche e le culture in cui veniva adorato (ad esempio nell'antico Egitto), non riusciva certo a primeggiare sul cane come animale da compagnia. Gli uomini, cioè i maschi, in generale hanno sempre privilegiato animali domestici ai quali poter imporre la propria volontà per ottenere una sottomissione assoluta e un'obbedienza servile; si mostravano quindi incapaci di accettare l'indipendenza e lo spirito di libertà tipico dei felini.

Gatta felina

Tenero corpo,
morbido pelo,
con occhi languidi
sul divano ti adagi
ronfando sorniona.
Da siti sperduti arrivi,
misterioso essere,
e qui regni sovrana.
La dignità non baratti
neppure per una carezza.
Libertà la tua bandiera.

Gatta, anch'io,
rinascere vorrei,
sinuosa, maliziosa,
dolce, astuta,
indipendente e libera.
Sempre.

Alice Ki

Le donne, al contrario, hanno stretto ottimi rapporti con i gatti in campagna e in città, nelle case e altrove, riuscendo a capire e accettare la forte personalità di questi

animali, senza aspettarsi nulla in cambio, cosa che invece caratterizza il rapporto fra l'uomo e il cane. E quegli uomini che amano i gatti mostrano di possedere un temperamento orientato verso gli archetipi della femminilità: sono dunque uomini sensibili, creativi, pieni di fantasia e immaginazione.

Infine il gatto si identifica con la donna anche per altri motivi. È discreto nei comportamenti, ha un mantello morbido e pulito piacevole da accarezzare, si lascia coccolare, si muove in maniera aggraziata, è languido e astuto ma anche geloso, vuole vivere a modo suo e riesce a farsi perdonare eventuali marachelle strusciandosi e facendo le fusa… Tutte descrizioni, queste, che si addicono a molti soggetti femminili, tanto che un vecchio detto recita: «Cercate di capire il gatto e capirete la donna».

✶ Da quanto è emerso sopra deriva che il gatto è simbolo dell'armonia domestica e delle comodità casalinghe: infatti, chi meglio di questo animale sa scovare i posti tranquilli dove sonnecchiare?

✶ Essendo legato alla donna, lo è anche alla Luna, emblema femminile per eccellenza; e quindi alla notte, alle maree, al tempo atmosferico, al ciclo mestruale, alla fertilità e alla maternità, ai figli e ai bambini in genere.

✶ Come creatura notturna è paragonato all'oscurità, all'inconscio, alle paure inspiegabili, alle situazioni negate o rimosse, alla magia e alla dimensione ultraterrena. Come animale totemico o animale-guida rimanda al famiglio precedentemente esaminato in relazione alle streghe, e alla sua capacità di ispirare e proteggere la persona che si prende cura di lui.

✶ Il gatto appare poi come la manifestazione di una bellezza raffinata: è elegante, flessuoso, agile, ben proporzionato, silenzioso nello spostarsi. Di un gatto si potranno dire molte cose, ma mai che trasmette un'impressione di volgarità.

✶ I felini sono assimilabili a un mistero. Lo sguardo imperscrutabile, gli occhi che vedono nell'oscurità, la sensi-

O. Samarina

bilità ai cambiamenti climatici, la capacità di percepire cose che l'uomo comune non percepisce, l'abitudine di dormire molte ore pur mantenendosi atletici, il sapersi arrampicare e intrufolare dappertutto, l'abilità di cadere da grandi altezze senza farsi male. Sembra che essi si colleghino all'esistenza di un'altra dimensione, dalla quale ricevono particolari influenze.

✶ Sebbene siano associati alla casa e all'atteggiamento protettivo della madre nei confronti della prole, i gatti sono anche abili cacciatori, dotati di temibili artigli e di denti acuminati. Diventano così metafore viventi dell'aggressività, la quale può essere subdola (un gatto impegnato nella caccia usa tutta una serie di stratagemmi per avvicinarsi furtivamente alla preda), apertamente espressa in certe occasioni (l'animale che attacca mordendo e graffiando) o difensiva (mamma gatta impegnata a proteggere i suoi piccoli). Ancora una volta ritornano i due aspetti dell'energia felina messi in evidenza dalla cultura dell'antico Egitto: Bastet la protettrice e Sekhmet la predatrice.

✶ Altre analogie sono: coraggio, resistenza, forza, rapidità d'azione, strategia, indipendenza. Tutte qualità che

L'anima
di un altro essere
è un mistero,
e quella di un gatto
ancor di più.
Anton Čechov

non hanno bisogno di commenti, poiché basta osservare un gatto qualsiasi per accorgersi di quanto siano in lui presenti.

✶ Talvolta, il particolare modo di fissarci che hanno i gatti fa pensare che possiedano una seconda vista, per mezzo della quale riescono a leggere i nostri segreti più reconditi.

✶ Il colore del pelo può dare indicazioni riguardo alle caratteristiche del micio. Un gatto nero rappresenta l'occulto, il mistero, la magia e le situazioni nascoste: il suo temperamento è di solito riservato, guardingo, sensibile, imprevedibile. Se il gatto è bianco entrano in gioco concetti come candore, innocenza, purificazione, tranquillità; sarà probabile che si tratti di un animale ingenuo, docile, affettuoso e disciplinato. Un animale dal pelo bianco e nero avrà un miscuglio delle qualità suddette. Dei gatti arancioni si dice che siano molto attivi e curiosi, ma anche possessivi, scalmanati, combattivi, poiché l'arancione è associato al piacere, alla voglia di vivere e di sperimentare, alla brama di esperienze. I gatti tigrati sono considerati particolarmente intelligenti e sembra che abbiano il dono del mimetismo a vari livelli, mentre quelli pezzati con il mantello di tre colori (bianco, nero e arancione) sono dei portafortuna in generale e la tradizione

attribuisce loro la capacità di proteggere la casa dal fuoco, dai ladri e da altri pericoli. I felini dal colore marroncino, come i siamesi, sono pratici e dinamici, capaci di reagire velocemente alle sollecitazioni. Infine, i gatti grigi (ad esempio i certosini) esprimono doti di saggezza, calma e autocontrollo: sono particolarmente utili a chi studia o riflette, a coloro che vivono ritirati dai clamori del mondo.

* Le tradizionali nove vite (oppure sette, secondo alcune culture) attribuite al gatto offrono l'occasione di dare una sbirciata alla numerologia. Il 9 è il numero della conclusione di un ciclo, attraverso il quale si sale di livello raggiungendo un miglioramento o un completamento; può indicare anche rinascita o resurrezione. Corrispon-

de inoltre al genio artistico, alla saggezza spirituale, alle doti di filantropia, assistenza, compassione e comprensione. Il 7 è simbolo di introspezione, silenzio, saggezza, analisi mentale, solitudine costruttiva, occultismo e misticismo, discrezione e raffinatezza. In entrambi i casi le interpretazioni numerologiche si attagliano in larga misura alle caratteristiche feline che abbiamo fin qui analizzato.

Credo che i gatti
siano spiriti
venuti sulla terra.
Un gatto, ne sono
convinto, può
camminare
su una nuvola.
Jules Verne

✶ L'occhio di gatto è il minerale dedicato ai felini. Può essere di vario tipo: il più costoso, avendo qualità di gemma, è l'occhio di gatto crisoberillo, mentre i quarzi che, per la loro iridescenza, prendono lo stesso nome sono più economici. Muovendo una di queste pietre sotto la luce si assiste al fenomeno del "gatteggiamento", cioè a una luminosità cangiante simile a quella osservabile negli occhi del nostro animale.

Questi minerali, tagliati e levigati, possono venire incastonati nell'argento (il metallo lunare per eccellenza) ed esposti per qualche ora alla luce della Luna (crescente o piena) in modo da stimolare in chi li indossa le virtù dell'archetipo femminile a cui il gatto è collegato. In cristalloterapia si utilizza questa pietra per favorire le doti psi-

chiche, le percezioni extrasensoriali, la comunicazione telepatica con gli animali e la visione di cose nascoste.

La protezione delle partorienti

In Russia un detto popolare recita: «Senza una donna e senza un gatto una casa non si regge, e mancando loro anche il genio buono se ne va».

Nelle comunità rurali di quel Paese il gatto, abituato alla casa e legato al padrone, era considerato quasi alla pari dei membri della famiglia, e gli si attribuiva il controllo sugli spiriti “amici”, sui geni domestici che proteggevano la casa e i suoi abitanti.

Le tradizioni delle campagne italiane riportano la concezione secondo la quale il gatto domestico è legato al buon esito della gravidanza e del parto: le levatrici si informavano prima che avesse luogo la nascita se la futura madre trattava bene il gatto di casa, perché altrimenti avrebbe dovuto fare ammenda nutrendo l’animale con alimenti di buona qualità, accarezzandolo e dedicandogli del tempo. Tale credenza si ricollegava all’idea stessa di maternità in senso lato: se la donna sapeva essere amorevole con un animale lo sarebbe stata anche con il nascituro, e avrebbe fatto di tutto affinché il bambino nascesse e crescesse felicemente.

Nelle case di campagna, quando vi era una partoriente, veniva ritenuto un felice presagio se la gatta dava alla luce i gattini più o meno nei giorni del parto della donna. Spesso le giovani ragazze venivano spinte ad assistere al parto della gatta, per imparare come vanno le cose ed essere pronte e coscienti quando fosse venuto il loro turno. Ciò le avrebbe aiutate a non sentire dolore e il parto si sarebbe svolto in maniera armoniosa.

Certe volte il gatto domestico era addirittura chiamato a presenziare al parto. La levatrice, imbevuta dello spirito della grande tradizione popolare, studiava le reazioni del felino e, se questo rimaneva tranquillo, interpretava la cosa come un buon auspicio. Infatti si riteneva che l'animale aiutasse il parto e la partoriente con le proprie energie raccolte nei prati e nei boschi, e fosse in grado di allontanare le forze impure.

La relazione dei gatti con la maternità, come insegna la simbologia della dea Bastet, non si è dunque perduta neppure in tempi più recenti.

Le piante attive sul gatto

Alcune piante hanno sui felini effetti euforizzanti o rilassanti, e la loro azione tende a modularne il comportamento. Molti gatti sono attratti da esse in maniera irresistibile.

Prima che l'animale sia chiamato a compiere il ruolo di catalizzatore in un'operazione magica può essere utile offrirgli una di queste piante, allo scopo di predisporlo all'operazione stessa. Al di là della magia, certi vegetali sono comunque da tenere in considerazione per favorire il benessere del nostro micio.

La conoscenza dell'attrazione felina per alcune erbe è di lunga data: già nel 1200 Alberto Magno, nell'opera *De vegetalibus*, riportò le sue osservazioni relative alla *Nepeta cataria*, mentre per la valeriana i primi riferimenti sembrano essere del 1400.

Il gatto non può legare con gente irrequieta, estroversa o troppo esuberante; sta bene invece con persone tranquille, che passino il tempo a fantasticare, a pensare, a scrivere. Donne introspettive, bambine solitarie; ma anche sensitivi e poeti, scrittori e medium.

Marianne Leibl

Non sono noti effetti negativi di nessuna delle piante sotto elencate, tuttavia su alcuni gatti l'eccitazione o il rilassamento potrebbero essere eccessivi, per cui la prima volta si consiglia di somministrarle con cautela. I gatti domestici della nostra epoca, molti dei quali passano la vita intera senza aver mai incontrato tali piante, stanno perdendo la capacità di percepire i loro effetti: non tutti ne vengono stimolati, e specialmente i soggetti anziani potrebbero rimanere insensibili.

Ma quelli che hanno la possibilità di venire in contatto con esse vi si avvicinano ogni giorno, mostrandosi poi felici e rilassati.

Procurare al proprio felino qualcuno di questi vegetali significa dargli la possibilità di rapportarsi con vibrazioni ancestrali, capaci di agire positivamente sul suo organismo senza il pericolo di indurre assuefazione. Inoltre, le erbe attive sul gatto non producono alcuna crisi di astinenza qualora non siano più disponibili dopo che l'animale le ha annusate e mangiate. Si consiglia di ricorrere a piante fresche, poiché agiscono con maggiore forza.

Avocado La polpa dell'avocado attrae alcuni gatti rendendoli più giocherelloni e inclini a farsi coccolare. Può risultare utile quando si effettuano incantesimi per l'allegria, l'amore, la sessualità e la fertilità.

Erba gatta La *Nepeta cataria*, chiamata di solito "erba gatta", è la più importante e la più famosa. Si tratta di una pianta erbacea aromatica appartenente alla famiglia delle *Lamiaceae*, che non deve essere confusa con le graminacee (come ad esempio il *Lolium perenne*) vendute talvolta con lo stesso nome nei negozi di animali o nei supermercati. Molto apprezzata dai gatti, la *Nepeta* ha foglie piccole, seghettate e a forma di cuore, che somigliano a quelle della menta (anche l'aroma emanato dalla pianta ricorda la menta). Le "false" erbe gatte hanno invece foglie allungate, simili alla comune erba dei prati: esplicano solo un'azione digestiva e purgante, mentre la *Nepeta* provoca uno stato di gioiosa ebbrezza.

Annusandone le foglie e le parti aeree, l'animale diventa euforico e comincia a fare le fusa, strusciandosi e assumendo un comportamento allegro. Sembra che i costituenti di questa pianta agiscano come surrogato dei feromoni sessuali felini, ed è stata avanzata l'ipotesi che l'erba gatta sia servita un tempo nello sviluppo dei gatti selvatici per predisporli all'attività sessuale, come se si trattasse di un afrodisiaco naturale.

L'erba gatta si usa nella magia felina allo scopo di potenziare le facoltà del gatto per qualunque tipo di incantesimo.

Maro Il *Teucrium marum*, anch'esso della famiglia delle *Lamiaceae*, ha un delicato profumo che somiglia a quello del timo: cresce spontaneo in Sardegna, in Corsica e nelle altre isole del Mediterraneo, ma è anche coltivato negli orti dell'Italia continentale. L'effetto sui gatti è simile a quello della *Nepeta cataria*.

In magia è consigliabile utilizzarlo per i rituali di protezione e di liberazione dalle energie negative.

Matatabi In Giappone i gatti possono contare su una pianta tipica del luogo, il matatabi: si tratta dell'*Actinidia polygama*, appartenente alle *Actinidiaceae*, famiglia di cui fa parte anche il kiwi. I frutti sono ovoidali, di colore giallo-arancione, lunghi 3-4 cm, commestibili e dal sapore gradevole. Ma sono le foglie a esercitare il loro potere sui felini, inducendo uno stato simile all'estasi: dopo averle masticate i gatti si sdraiano sulla schiena, con le zampe all'insù, e stanno per un po' di tempo immobili in questa posizione, in un apparente stato di beatitudine. Se riuscite a procurarvi questa pianta potete utilizzarla per le magie intese ad aumentare il fascino personale o ad attirare l'amore.

Melone La polpa del melone comune agisce su alcuni gatti come stimolante, sia per il profumo sia nel caso che l'animale ne assaggi un pezzetto. Si rivolge in particolare agli incantesimi relativi all'amore, alla fertilità, allo sviluppo delle doti personali e al potenziamento della creatività.

Oliva Un altro frutto da tenere presente è rappresentato dalle olive, verdi o nere, che dovranno essere fresche, appena colte dalla pianta. L'azione è rilassante, ma non tutti i gatti ne sono influenzati. Le olive possono essere utilizzate in rituali per riguadagnare le energie perdute e stimolare il rinnovamento.

Valeriana I gatti sono attirati dalle radici della *Valeriana officinalis*, che esplicano su di loro un effetto calmante e rasserenante. I risultati più evidenti si hanno di solito sui felini dal temperamento nervoso, ribelle, aggressivo. Si consigliano le radici della valeriana per armonizzare il gatto quando l'animale debba svolgere la propria azione di aiutante magico negli incantesimi volti a favorire il riposo, calmare una persona o una situazione e nelle operazioni finalizzate a promuovere salute e benessere.

Théophile Alexandre Steinlen, Due gatti,
1894, Boston, Museum of Fine Arts.

Ho sognato un gatto...

Sognare un grande gatto è di buon augurio:
un raccolto fortunato attende colui che sogna.

Raccolta di canti su papiro,
Chester Beatty III recto
(circa 1250 a.C.),
Londra, British Museum

I sogni ci affascinano per i loro messaggi nascosti, che spesso suggeriscono previsioni o incutono dubbi e timori. I simboli del sogno devono essere interpretati attentamente, così da capire il loro reale significato: bisogna aprire la coscienza alle dimensioni spirituali situate al di là del corpo fisico. Prestando attenzione ai sogni otterremo una comprensione dei nostri sentimenti nascosti, dei desideri e delle paure. Se nei sogni appaiono gatti, chiediamoci di cosa vogliono renderci consapevoli e, attraverso l'analisi delle caratteristiche del sogno, cerchiamo di ricavare un'interpretazione.

In generale il gatto è un simbolo dell'inconscio, della forza immaginativa, della saggezza intuitiva e del potere femminile, quest'ultimo più sottile e nascosto rispetto al potere maschile; ma il significato di un sogno nel quale compare un gatto dipende anche da come il sognatore si rapporta in generale con i felini. Per chi non li ama o ne ha addirittura paura l'apparizione onirica di questi animali può rappresentare un timore inconscio, una disarmonia riferita all'energia femminile: problemi con la madre o con la compagna, con le donne in generale, oppure con il proprio lato femminile.

I vari aspetti della femminilità possono avere qualità positive o negative. Quando il sogno del gatto è in linea con le vibrazioni positive del femminile indica creatività, fertilità, possibilità di crescita in qualcosa: il messaggio si

lega a Madre Natura, alle doti psichiche, al ciclo perpetuo di nascita, morte e rinascita. Se invece è in linea con connotazioni negative il sogno rivela uno squilibrio di energia yin, tendenze distruttive o repressive, oppure la mancata accettazione di forme di dolcezza e sensibilità. Il gatto, nel sogno, può rappresentare aspetti della personalità del sognatore, o riferirsi a un personaggio a lui collegato; può anche indicare il ruolo del sognatore in certe situazioni. Nell'interpretare il sogno è importante considerare tutte le caratteristiche del gatto e del contesto: l'atteggiamento dell'animale, il suo aspetto, l'età, la situazione e le altre sfumature. Qui di seguito trovate alcune linee guida.

> *L'affetto del gatto*
> *è qualcosa*
> *che ogni volta*
> *deve essere*
> *interpretato,*
> *decifrato, capito*
> *attraverso mille*
> *curiose sfumature.*
> Giorgio Saviane

Avere la sensazione di essere un gatto

Se nel sogno vi vedete come se foste voi stessi un gatto, il significato è quello di un cambiamento, una trasformazione o una novità in relazione alle vostre situazioni di vita del momento. Può essere l'avviso di un cambiamento nei rapporti con gli altri, nel lavoro o nella carriera, oppure nello stile di vita. Secondo lo sviluppo del sogno il cambiamento può essere buono o cattivo. Se come gatto avete brutte esperienze ma con un lieto fine probabilmente il mutamento, avvenuto o da avvenire, incontrerà difficoltà ma risulterà positivo.

Se le esperienze sono gradevoli, l'inconscio vi comunica che siete sulla giusta strada e vi state adeguando alle trasformazioni in maniera equilibrata. Se vi vedete nelle sembianze di un gatto e qualcuno vi coccola, le vostre doti di sensibilità e indipendenza vengono apprezzate; al contrario, se qualcuno vi maltratta, il sogno indica che i lati femminili della vostra personalità non vengono valutati nella maniera giusta.

Gli occhi del gatto

Considerati misteriosi e di forte natura magica, gli occhi del gatto sono ritenuti da alcuni come una finestra aperta su un mondo diverso o su dimensioni spirituali. Questo sogno è rappresentativo dell'inconscio, dell'anima, della Luna e del mistero. Attraverso gli occhi del gatto si possono vedere cose che gli altri non vedono; si guadagna l'accesso a conoscenze segrete; si comprendono meccanismi sottili, psicologici o esoterici.

> *Gli occhi di un gatto sono finestre che ci permettono di vedere dentro un altro mondo.*
> Proverbio irlandese

Se gli occhi del felino danno un'impressione positiva, il segnale è molto favorevole riguardo a un approfondimento delle tematiche di cui sopra; se l'impressione del sogno è negativa (paura, incertezza o altro) si dovrà prendere in considerazione la possibilità che non si vogliano vedere certe cose o affrontare certi problemi.

Il gatto che ci avverte

Il gatto può darci insegnamenti o avvertimenti attraverso proverbi o modi di dire, dai quali trarre conclusioni. Per esempio la frase "giocare al gatto e al topo" ha un chiaro significato; con frasi sibilline dovrete esaminare varie opportunità. Se l'avvertimento è manifesto, consideratelo come un invito inconscio a prestare attenzione all'argomento segnalato; se l'avvertimento avviene in forma metaforica bisognerà studiare e interpretare i simboli e il contesto.

Il gatto nero

Il suo significato dipende dal valore che il sognatore dà a questo gatto: alcuni lo ritengono portatore di buona fortuna, altri invece lo collegano alla malasorte e alle energie negative. Se si associa il gatto nero alle forze del male il sogno avverte di fare attenzione a influenze negative, malvagità e malattie incombenti; se invece il gatto nero viene considerato con un atteggiamento di serenità il sogno è di natura positiva e dovrà essere interpretato in relazione al potere di introspezione e guarigione, alla saggezza e alla sacralità.

Il gatto bianco

In generale è indice di buona fortuna, di purezza, semplicità e dolcezza; ma può indicare la necessità di valutare bene le proprie azioni o la situazione simbolica nella quale esso appare. Al negativo potrebbero manifestarsi perdite o contrarietà, oppure il sognatore potrebbe comportarsi con leggerezza, o tendere a trascurare dettagli importanti.

Il gatto egiziano

Se il gatto ha caratteristiche che fanno pensare all'antico Egitto il significato è quello della forza psichica, delle doti esoteriche, magari non ancora riconosciute. Questo tipo di associazione simbolica appare di solito nei sogni di persone caratterizzate da talenti psichici, come la chiaroveggenza o simili. Se al contrario tale gatto ispira paura si consideri la presenza di un blocco relativo ai fenomeni sensitivi o alle abilità psichiche in generale. Il gatto egiziano può anche significare connessione magica con la dea Bastet e con i suoi attributi.

I gattini

Quando si sognano cuccioli di gatto il simbolo è di nuove iniziative, crescita, giocosità. Se i gattini sono graziosi e teneri annunciano innocenza, ritorno alla fanciullezza

o nascita di figli. Al negativo il sogno può significare immaturità, vulnerabilità, tendenza a chiudere gli occhi su qualcosa (poiché i gatti nascono con gli occhi chiusi), emotività, stato confusionale, bisogno di assistenza da parte di qualcuno. Vedere in sogno il parto simboleggia la nascita di qualcosa di nuovo: se a sognarlo è una donna indica desiderio di maternità.

Il gatto che graffia

Sognare gatti che graffiano, soffiano, tentano di mordere e si comportano in maniera aggressiva è generalmente un avvertimento che state per diventare vittima di tradimenti. Bisogna comunque analizzare il contesto per cogliere altri significati: problemi con donne (madre, moglie, figlia, amiche o colleghe), oppure con uomini dal temperamento femminile; doti di sensibilità del sognatore non apprezzate; rifiuto della componente femminile della personalità; paura di prendere coscienza di realtà sottili, di argomenti esoterici o di situazioni connesse con l'indipendenza e la sensualità.

Il gatto ammalato o ferito

Un tale sogno preannuncia delusione, stress emotivo o possibilità di malattia. Se il gatto è morto può anche es-

sere ritenuto un simbolo di trasformazione, ma in ogni caso non annuncia circostanze particolarmente positive. Sognare di uccidere un gatto adulto oppure cuccioli di gatto diventa il simbolo di ostilità repressa o rivalità verso donne o verso uomini dal carattere femminile (artisti, persone sensibili, soggetti che si occupano di argomenti esoterici); per una donna può indicare rifiuto della maternità. In generale quando il gatto nel sogno non è in buona salute segnala un atteggiamento repressivo o una minaccia riguardo alla propria forza espressiva e alla creatività.

Il gatto con due o più code

Un gatto con due o più code viene ritenuto un segno magico di grande potenza; può anche simboleggiare la forte energia spirituale del sognatore. Sognare un gatto senza coda indica la presenza di qualcosa di squilibrato nella vita, poiché la coda è essenziale per l'equilibrio. Altri simboli presenti nel sogno potrebbero far luce sulla causa dello squilibrio.

Il gatto che dà la caccia al topo

Quando sognate un gatto intento a compiere la sua azione più qualificante il vostro inconscio pone l'accento su concetti come abilità, prontezza nelle decisioni, sveltezza, successo; ma la caccia al topo può anche significare che desiderate liberarvi di un seccatore o di una situazione scomoda. Se invece il felino dorme si può pensare che tornerà la tranquillità dopo l'attuale momento di disordine o agitazione; oppure consideratelo come un segnale del fatto che avete bisogno di riposo.

Il gatto parlante

Il gatto che parla con voce umana viene ritenuto una manifestazione di natura profetica: l'animale parlante diventa il messaggero di doti spirituali o di qualcosa di divino, pertanto bisogna

analizzare il sogno con cura per scoprire i significati nascosti che possono esservi contenuti. L'interpretazione farà leva sulle parole dette (frasi chiaramente comprensibili oppure metaforiche), sull'impressione generale e sull'atteggiamento del gatto.

Il gatto che vola

Un gatto che vola, o provvisto di ali, indica connessione con il piano mentale o con livelli superiori di coscienza. Il gatto in questo caso può essere una guida o un protettore magico, insieme al quale compiere un viaggio in dimensioni sconosciute alla ricerca di qualche verità; oppure il felino può rappresentare una persona, come un te-

rapeuta o un amico, che vi conduce alla scoperta di voi stessi. Prendete anche in considerazione l'eventualità che un gatto simile sia il simbolo di un partner con cui condividete qualcosa d'importante. Se il gatto (con o senza ali) scappa da voi e non riuscite a raggiungerlo, si potrebbe pensare che non siete capaci di utilizzare le vostre doti intuitive.

Il gatto in gabbia

Attraverso un tale sogno l'inconscio ci avverte che siamo intrappolati in una situazione spiacevole o in noiose consuetudini.

Può anche essere un indizio di attività creative o di simboli legati alla femminilità non vissuti pienamente, repressi per causa di qualcuno o di qualcosa. Se il gatto in gabbia miagola o soffia probabilmente vorreste liberarvi di una fonte di problemi.

Il gatto mostro

Un gatto mostruoso può essere il simbolo di desideri repressi o temuti, di circostanze o sentimenti penosi e incalzanti. Sognare di ucciderlo ha il significato di adoperarsi per superare la paura, ma potrebbe anche indicare che volete cancellare qualcosa di sgradevole senza accettarlo o prenderne consapevolezza. Cercare di sfuggirlo o nascondersi parla dell'incapacità di fronteggiare la situazione o di accogliere la verità.

> *Un gatto può risolvere un po' tutto facendo le fusa.*
> Donna McRohan

Fare il bagno al gatto

Questo sogno può avere il significato di una purificazione del corpo, della mente o dello spirito; può indicare che volete rinnovare le vostre doti artistiche ed espressive, che intendete dare un nuovo corso alle componenti femminili o che vorreste cambiare qualcosa in un'altra persona.

Nutrire il gatto

Generalmente rappresenta il bisogno o il desiderio di una crescita spirituale, oppure la volontà di migliorare la propria sensibilità. Al contrario, dimenticare di dare da mangiare al gatto, lasciarlo fuori al freddo, non prendersene cura presuppone nel sognatore la tendenza a trascurare se stesso e le proprie doti spirituali, oppure quelle di un'altra persona.

Accarezzare il gatto

In questo caso si tratta di un bel sogno, poiché manifesta l'inclinazione positiva verso tutto ciò che riguarda la fem-

minilità, la creatività, la sensibilità e le qualità esoteriche. Il sognatore che vede se stesso accarezzare un gatto ha un buon rapporto con il mistero, l'intuizione e le donne in generale: spesso si tratta di un artista, un creativo o una persona sensibile.

> *Dovete sapere che a noi gatti piace tanto dormire perché facciamo sogni meravigliosi. Nei nostri sogni siamo liberi di giocare dove vogliamo e ci sentiamo sempre al sicuro. Talvolta sogniamo di correre attraverso campi di erba gatta in primavera, e di girare senza fine all'inseguimento di una coda lunga un chilometro. Ovviamente questi sogni ci sfiniscono a tal punto che siamo costretti a riaddormentarci, e subito ricominciamo a sognare.*
>
> David Fisher

Maltrattare il gatto

Maltrattando il gatto esprimete disprezzo per le qualità femminili, l'esoterismo, la sensibilità, l'intuizione e le donne in generale (oppure per una donna in particolare simbolicamente rappresentata dal gatto stesso). Può anche essere un segnale della volontà di negare la libertà a qualcuno o a qualcosa, visto che il gatto è un animale indipendente.

Il gatto su un mezzo di trasporto

Di solito è un buon auspicio, che promette miglioramenti in qualche iniziativa. Uno o più gatti che viaggiano su un qualunque mezzo annunciano l'impegno nel raggiungere una meta attraverso le proprie doti intuitive, artistiche o creative. Per ulteriori particolari dovrete studiare la simbologia del mezzo usato, ad esempio: se è l'automobile, avrete libertà di azione; se è un mezzo pubblico (autobus o metropolitana) preparatevi a qualche ritardo o difficoltà; se è una barca, potrete rilassarvi; se si tratta dell'aereo, raggiungerete qualcosa che ritenevate lontano o inaspettato. Infine osservate se siete anche voi sul mezzo di trasporto con il gatto o se invece vi trovate a terra: l'auspicio è molto più positivo nel primo caso.

Il gatto protettore

Se vi capita di sognare un gatto che vi protegge in qualche maniera, o che compie delle azioni finalizzate ad aiutarvi, i casi sono due: l'animale rappresenta una persona dalle doti intuitive che vi è vicina, oppure l'inconscio vi segnala in maniera metaforica che state attingendo a doti di sensibilità e al vostro sesto senso per superare certi problemi.

Armonie domestiche con il proprio beniamino

È lo spirito familiare del luogo:
giudica, presiede, ispira
ogni cosa nel suo impero;
forse è fata, forse è Dio.

Charles Baudelaire

Il gatto come spirito che soprintende ai luoghi domestici è una concezione risalente all'antico Egitto ma, ancora oggi, la comune opinione secondo la quale il gatto si lega più alla casa che al padrone testimonia il ruolo di protettore delle abitazioni tradizionalmente attribuito all'animale. Il gatto può aiutarvi ad armonizzare l'ambiente nel quale vivete attraverso la sua capacità di controllare e trasformare energie di vario tipo.

La vigilanza sulla casa

Si tratta principalmente di una vigilanza "energetica": infatti il gatto, generalmente, non svolge il ruolo di difensore contro gli intrusi in carne e ossa tipico del cane, anche se non mancano casi di felini domestici che hanno messo in allarme i loro padroni rispetto alla presenza di ladri o di persone indesiderate. Ma il compito fondamentale del gatto è quello di equilibrare i flussi energetici, le correnti invisibili che attraversano palazzi e abitazioni. Essendo un animale dotato di qualità prevalentemente yin, cioè legate alla sensibilità e alla capacità di influire su situazioni nascoste (a differenza del cane che è un animale prevalentemente yang), il gatto con la sua sola presenza attira le energie negative circolanti e le trasforma in modo che persone, piante e altri animali possano prosperare.

Il pensiero cinese, attraverso la disciplina del feng shui, studia il flusso del *chi*, l'energia circolante nei luoghi, che può essere positiva o negativa per il benessere dell'uomo secondo tutta una serie di parametri. Un gatto in buona salute, libero di muoversi per i locali di una casa, influenza il *chi* "ripulendolo" dalle vibrazioni negative. Robert Endrös, uno studioso tedesco delle energie della Terra, segnala

inoltre che la pelliccia del gatto è un naturale diffusore di onde particolarmente favorevoli per esseri umani, piante e animali.

Affinché il gatto possa attenuare o compensare i fattori energetici negativi di un edificio bisognerà che l'animale venga lasciato libero di aggirarsi per i vari locali a suo piacimento.

Un aiuto contro le geopatie

È stato rilevato che i gatti sono in grado di percepire le geopatie: ne sono attratti, le ricercano e vi stazionano sopra, evidenziando una netta capacità di armonizzarle. Poiché la Terra è un organismo vivente, alla stessa maniera di un uomo o di un animale anch'essa ha le sue zone di squilibrio e i suoi punti di forza: correnti energetiche di vario tipo l'attraversano, determinando aree dove si concentra energia positiva e aree dove le vibrazioni sono nocive per la salute. Con il termine "geopatia" si indica un'emanazione negativa proveniente dal suolo, tra cui le principali sono i corsi d'acqua sotterranei, i nodi di Hartmann, i nodi di Curry e le faglie. Stazionare, o peggio ancora, dormire sopra una zona

Amo i gatti perché amo la mia casa e, poco a poco, essi ne diventano l'anima visibile.
Jean Cocteau

geopatica a lungo andare indebolisce l'organismo. La geobiologia, conosciuta in Oriente da millenni e oggi riscoperta anche in Occidente, è la disciplina che studia le energie del luogo, appoggiandosi anche al feng shui, alla bioarchitettura e alla radiestesia.

Il corso d'acqua sotterraneo, per l'attrito delle molecole d'acqua che scorrono le une sulle altre, crea una vibrazione capace di salire anche per centinaia di metri (in cima a un grattacielo è sempre possibile percepire la presenza di una falda acquifera sotterranea). Tale vibrazione è eccitante e stimolante nel breve periodo, motivo per il quale molte chiese antiche, tra cui ad esempio la cattedrale di Chartres, sono costruite su fiumi sotterranei: con tale accorgimento, a parte il valore simbolico dell'acqua, i costruttori intendevano stimolare i fedeli che si recavano alle funzioni religiose a elevarsi verso il divino. Ma nel lungo periodo,

cioè sostando parecchie ore su un corso d'acqua, l'effetto diviene sfavorevole e l'essere vivente si indebolisce, sviluppando malattie.

In una casa
dove vive
un gatto
c'è sempre aria
di festa.
Anonimo

I nodi di Hartmann sono stati scoperti da Ernst Hartmann dell'Università di Heidelberg, un pioniere delle ricerche di geobiologia. Un campo di forze di origine tellurica avvolge come una rete invisibile tutta la superficie terrestre, attraversando ogni luogo e abitazione. I punti d'incrocio delle maglie della rete sono i nodi: la loro energia, essendo particolarmente bassa, nuoce all'organismo. Esiste poi un'altra rete, di natura elettromagnetica, scoperta da Manfred Curry, che si pone in diagonale rispetto a quella di Hartmann e i cui nodi sono parimenti dannosi. Entrambe le reti variano d'intensità e frequenza in relazione al luogo, alla latitudine e longitudine, alle condizioni climatiche, alla presenza di metalli, alle interferenze dei campi elettrici.

Le faglie sono profonde spaccature del terreno o dello strato roccioso, che si verificano per scorrimento delle masse l'una contro l'altra. Lungo la linea di frattura si rileva una radiazione molto intensa prodotta dai depositi minerali presenti in profondità: possono fuoriuscire raggi gamma o elementi radioattivi che, a lungo andare, risultano nocivi per chi ne viene investito. La combinazione di due o più geopatie diverse (ad esempio vena d'acqua e nodo) diventa ancora più negativa: si parla di "punto cancro" in quanto la permanenza sopra ad esso, ripetuta e protratta negli anni, porterebbe all'insorgere di patologie degenerative.

Attraverso strumenti radiestesici, come pendolino e biotensor, si osserva che quando il gatto si trova su una geopatia l'energia nociva emanata dal punto in questione viene ridimensionata e strutturata su frequenze diverse: il gatto assorbe le vibrazioni negative e le neutralizza. I felini domestici, se sono liberi di muoversi a piacimento per la casa, scelgono spesso di dormire o sostare sulle zone geopatiche. Studiate con attenzione il comportamento del vostro gatto: se ama accucciarsi sempre nello stesso punto, sul letto o su una pol-

trona, molto probabilmente lì vi è un forte irraggiamento. In tal caso è consigliabile spostare il letto o la poltrona per evitare di esporsi alle geopatie. Il felino domestico saprà dunque segnalarvi le zone negative, alle quali dovrete poi porre rimedio consultando un geobiologo o un radiestesista che si intendono dell'argomento.

Se una persona si colloca su un punto geopatico con il corpo del gatto a stretto contatto con il suo, si nota che l'energia negativa viene assorbita dall'animale e scaricata. Il micio è dunque in grado di proteggerci con la sua semplice presenza, tuttavia è sempre bene adottare accorgimenti adeguati per evitare di rimanere troppo a lungo sulla fonte di irraggiamento negativo.

La magia felina in azione

Scoprire il futuro per mezzo del gatto

I gatti sono tutti sensitivi professionisti.
Affinity Smith

Interpretando l'atteggiamento del gatto è possibile ottenere previsioni su eventi futuri. La disciplina viene chiamata felimanzia ed è tipica delle campagne di vari Paesi. Deriva da antiche pratiche divinatorie che ricorrevano all'osservazione degli animali per trarre presagi, come l'arte augurale romana, effettuata attraverso gli uccelli, e l'ofimanzia greca, nella quale si prendevano in considerazione i serpenti. Leggete le interpretazioni seguenti e poi provate a osservare il vostro gatto o quelli che incontrerete, specialmente quando siete in dubbio su qualcosa o volete avere un responso rispetto a una domanda. Esercitatevi anche nei tre oracoli felini descritti successivamente.

Profezie varie

✶ Presagio infausto se un gatto nero attraversa la strada sulla quale si sta camminando: la credenza è viva in molti Paesi occidentali. Per esorcizzare gli eventi negativi che questa circostanza produrrebbe si deve cambiare percorso tornando sui propri passi, oppure attendere che qualcuno transiti per primo nel punto dove il gatto ha attraversato. Tuttavia in Oriente i gatti neri sono considerati in maniera positiva anche quando tagliano la strada al passante. Il presagio dipende in larga misura dal tipo di rapporto personale che si ha con il gatto di colore nero, da come ciascuno lo considera, dal valore simbolico che gli attribuisce. Al positivo l'incontro con un gatto nero che attraversa la strada può indicare un'accentuazione delle proprie doti di sensibilità, un periodo di ricerca interiore o di studio delle arti esoteriche, o ancora che sta per sopraggiungere la soluzione di un mistero.

✶ Se un gatto bianco vi attraversa la strada il pronostico è favorevole: indica fortuna, serenità, risoluzione di qualche problema. In qualche caso tuttavia il gatto bianco può simboleggiare la superficialità, la mancanza di volontà nell'approfondire questioni importanti.

✶ Mentre passeggiate fuori casa, se incontrate tre gatti in successione, a breve distanza di tempo l'uno dall'altro o anche tutti e tre insieme, riceverete una buona notizia oppure vi capiterà qualcosa di piacevole.

✶ Se un gatto nero, estraneo alla famiglia, entra in una casa, è segno di sventure imminenti, così come se lo stesso tipo di felino miagola vicino alla porta. Questo per la nostra tradizione occidentale; anche qui, però, la circostanza può essere soggettiva, poiché se si attribuiscono al gatto nero qualità positive come simbolo di conoscenze esoteriche la visita di questo animale può significare il risveglio di facoltà nascoste. In ogni caso non scacciate immediatamente il gatto, ma anzi intrattenetevi un po' con lui in maniera gentile: se lo maltrattate potreste accentuare il pronostico negativo o comunque attirare circostanze sgradevoli.

✶ Quando invece a entrare in casa è un gatto bianco si può pensare a un alleggerimento delle tensioni familiari, o a un evento che favorirà qualcuno degli abitanti. Ma talvolta il gatto bianco può segnalare che in quella casa non si vuole vedere un problema, oppure che certe faccende di famiglia vengono liquidate in maniera troppo approssimativa.

✶ Un gatto sconosciuto che comincia a seguirvi per strada preannuncia l'arrivo di denaro o un miglioramento nel lavoro.

Théophile-Alexandre Steinlen, Il gatto nero, *1896.*

✶ Se un gatto starnutisce mentre qualcuno lo tocca o si sta intrattenendo con lui, è segno di fortuna, di qualcosa di positivo che accadrà a quella persona. Se starnutisce a un soggetto che sta per sposarsi, il giorno prima delle nozze, quest'ultimo dovrà stare in guardia: probabilmente l'indomani si verificherà un problema nel corso della cerimonia o vi sarà un'incomprensione con il futuro coniuge.

> *Il gatto è per coloro che amano le sottili intimità dello spirito.*
> Frank Swinnerton

✶ La presenza di un gatto a un matrimonio, specialmente se appare all'improvviso, è sempre di buon auspicio per gli sposi.

✶ Se il vostro gatto, di mattina, si lecca la zampa destra, annuncia l'arrivo imminente di una persona gradita, oppure una telefonata o un altro tipo di messaggio piacevole; se si lecca la zampa sinistra, sempre di mattina, si presenterà un individuo indesiderato, oppure riceverete una notizia sgradevole.

✶ Se, di sera, si lecca ripetutamente il muso per pulirsi, qualcuno verrà presto a farvi visita (probabilmente la sera stessa), oppure riceverete una comunicazione, una telefonata, un messaggio. Osservate con attenzione le zampe del gatto: se si passa varie volte una delle zampe die-

tro l'orecchio destro, la persona in visita sarà un uomo, o comunque la comunicazione riguarderà un soggetto di sesso maschile; quando invece l'orecchio particolarmente interessato dalla pulizia è il sinistro, si tratterà di una donna.

✶ Se miagola con insistenza mentre qualcuno si prepara a partire il pronostico è poco favorevole per il viaggiatore, il quale incontrerà problemi durante il viaggio; se invece, sempre mentre qualcuno sta per uscire, il gatto è vicino alla porta di casa e si lecca una zampa (destra o sinistra), il viaggio sarà privo di ostacoli, o la persona otterrà soddisfazione nel posto dove sta per recarsi.

✶ Se si mostra diffidente o aggressivo nei confronti di uno sconosciuto o di una persona che si presenta in casa vostra, il consiglio è quello di effettuare indagini su quella persona, perché potrebbe riservarvi qualche brutta sorpresa.

Previsioni del tempo

- Se il gatto si lecca le zampe annuncia l'arrivo della pioggia; se oltre a leccarsi le zampe se le passa anche dietro le orecchie si verificherà un nubifragio; se sta con la schiena rivolta verso una fonte di calore si prevede maltempo, o comunque il giorno seguente farà freddo.
- Se si lecca la coda e subito dopo assume un atteggiamento giocoso, saltellando e mostrandosi allegro, si prevede tempo umido.
- Se il gatto rimane a lungo seduto con il muso rivolto a Nord-Est, muovendo solo la coda, questo sta a significare che si sta avvicinando una perturbazione; al contrario, se il muso è rivolto a Sud-Ovest l'indomani sarà una giornata di bel tempo.
- Se, durante un temporale, si sdraia nel mezzo della stanza attirando l'attenzione dei presenti e poi si siede silenzioso, ciò significa che la burrasca sta passando.
- Il gatto che dorme tutto il giorno con il brutto tempo lascia intendere che l'indomani la situazione climatica migliorerà.
- Secondo il detto "gatto a testa sotto, certo pioverà a dirotto", la previsione di pioggia, grandine o neve viene attribuita al felino che dorme con la testa poggiata da sotto in su e il mento in alto.

Oracolo felino n. 1

Si tratta di un sistema abbastanza semplice per avere un responso di “sì” o “no” rispetto a una domanda che riguarda un evento futuro. Sedetevi comodamente in una stanza, davanti alla porta che immette nella stanza stes-

sa, in una posizione da cui potete vedere bene la soglia. In mano terrete un pezzo di carta e una penna; il vostro gatto si troverà nella stanza accanto e non dovrà manifestare l'intenzione di seguirvi subito. Lasciate completamente spalancata la porta della stanza e per prima cosa rilassatevi, chiudendo gli occhi ed eseguendo qualche esercizio di respirazione.

> *Guardare un gatto*
> *è come guardare*
> *il fuoco: si rimane*
> *sempre incantati.*
> Giorgio Celli

Pensando alla divinazione che state per intraprendere lanciate un messaggio telepatico al gatto: ditegli che quando lo chiamerete dovrà venire nella stanza in cui siete. Riaprite gli occhi, formulate la domanda per la quale richiedete il responso dell'oracolo e scrivetela tre volte sul foglio; sussurrate per tre volte il nome del vostro gatto e ripetete ancora per tre volte, a voce alta, la domanda. I tre passaggi sono importanti e non devono essere omessi: infatti 3 + 3 + 3 fa 9, numero simbolico di completamento di un ciclo e numero delle vite attribuite ai felini.

A questo punto chiamate il gatto a voce alta, affinché venga nella stanza attraversando la soglia. State bene attenti a quale zampa appare per prima oltre la soglia mentre il gatto entra nella stanza: se l'animale oltrepassa la soglia con la zampa destra, la risposta è "sì", se invece entra con la zampa sinistra la risposta è "no". Nel caso che il gatto rimanga sordo al vostro richiamo e non si presenti, ciò può significare due cose: o la domanda è stata formulata male, non è chiara e quindi dovete ripetete la divinazione, oppure non è ancora possibile dare una risposta, per cui bisognerà consultare nuovamente l'oracolo dopo qualche giorno.

Oracolo felino n. 2

Anche questo metodo fornisce un "sì" o un "no" in risposta, e può essere utilizzato per qualsiasi tipo di domanda. L'oracolo deve essere consultato di sera, prima di andare a dormire, entro la mezzanotte.

Materiale necessario

- Una ciotola o una scodella di vetro piena d'acqua (meglio se di fonte): la profondità della ciotola deve essere di almeno 5-6 centimetri, mentre il fondo avrà dimensioni abbastanza ampie (almeno 10-12 centimetri di diametro);
- una piccola candela bianca, con il suo portacandela;
- un ciuffo di peli caduti del gatto (raccolti da una spazzola o dalla cuccia);
- un accendino.

Ritiratevi in camera da letto con il materiale necessario e con il gatto; sistemate la ciotola su un ripiano, sedetevi davanti ad essa, accendete la candela e collocatela accanto alla ciotola. Prendete in braccio il gatto, accarezzatelo, concentratevi e formulate chiaramente la domanda a voce alta, chiedendo l'aiuto del felino affinché l'oracolo vi dia il responso. A questo punto gettate il ciuffo di peli dentro la ciotola, spegnete la candela e conservatela per un altro rituale o per la prossima divinazione. È preferibile spegnere la candela senza soffiarci sopra, quindi utilizzate uno spegnimoccolo oppure bagnate nell'acqua l'indice e il pollice e applicateli come una pinza sullo stoppino.

Coricatevi e dormite. L'indomani, non appena vi svegliate, controllate la ciotola e leggete il responso:

- se il ciuffo di peli galleggia ed è rimasto al centro della ciotola, la risposta è un "sì" certo, o comunque la previsione è molto positiva;
- se il ciuffo di peli galleggia ma si è spostato verso l'orlo, si tratta di un "sì" debole, o il pronostico è abbastanza positivo;
- se il ciuffo di peli è affondato e si trova al centro del recipiente, considerate come risposta un "no" certo o che la situazione sarà fortemente negativa;
- se il ciuffo di peli è affondato e si è spostato verso il bordo inferiore della ciotola, la sentenza è un "no" debole o si tratterà di qualcosa di moderatamente negativo.

Oracolo felino n. 3

Per questo oracolo dovete saper leggere i tarocchi, le carte da gioco, le rune o simili strumenti di divinazione costituiti da simboli disegnati su supporti separati, poiché la risposta alla domanda verrà ricavata interpretando il significato della carta o del simbolo che il gatto vi indicherà.

Il gatto è solo tecnicamente un animale, essendo divino.
Robert Lynd

Preparate sul pavimento un cerchio di ampie dimensioni formato dai simboli scelti: per esempio i 22 Arcani Maggiori dei tarocchi, o un certo numero di altre carte recanti figure differenti. Sistemate le carte, coperte, abbastanza vicine le une alle altre, in modo che il diametro del cerchio sia di un metro e mezzo o anche di 2 metri. Eventualmente aumentate l'ampiezza del cerchio inserendo più carte o utilizzandone di più grandi come dimensioni. L'importante è che possiate sedervi comodamente all'interno tenendo il gatto in braccio, lasciando spazio sufficiente tra voi e le carte affinché l'animale possa fare liberamente qualche passo senza calpestare subito una carta non appena lo lasciate andare. La distanza tra ciascun simbolo (carta o runa che sia) e il successivo deve essere di pochi centimetri, cosicché il gatto per uscire dal cerchio dovrà sfiorarne almeno uno.

Stando seduti sul pavimento, all'interno del cerchio, tenete il gatto in braccio e accarezzatelo; concentratevi e formulate chiaramente la domanda a voce alta, chiedendo al felino di indicarvi la risposta. Lasciatelo dunque libero e osservate i suoi movimenti: la prima carta che il gatto calpesterà sarà quella capace di dare il responso. Se più di una carta viene toccata dal corpo del gatto (perché quest'ultimo si stende sopra ad esse o le sfiora con le zampe), rovesciate tutte le carte così individuate e procedete all'interpretazione dei loro significati in relazione alla domanda che avete posto. Seguite sempre l'andamento in senso antiorario: se ad esempio il gatto tocca tre carte, leggete ciascuna successivamente procedendo sul cerchio in maniera contraria al movimento delle lancette dell'orologio.

Incantesimi e rituali per maghi gattofili

È nei loro occhi che risiede la magia.
Arthur Symons

La tradizione esoterica riporta numerosi incantesimi e rituali finalizzati alla ricerca del benessere e all'evoluzione spirituale da intraprendere con l'aiuto del proprio gatto. Ad esempio nell'ambito della Wicca, la più popolare delle religioni neopagane diffusasi in Occidente negli ultimi decenni, tutte le operazioni di magia bianca sono intese come mezzo per migliorare se stessi e favorire l'armonia nei rapporti con gli altri. Il gatto personale rappresenta il catalizzatore privilegiato per compiere i rituali: la sua presenza aumenta l'energia liberata nel corso dell'operazione magica, accelerando e potenziando il risultato.

In questo capitolo prenderemo in considerazione alcune pratiche volte a creare vibrazioni positive, che potranno essere utilizzate per risolvere vari problemi. La magia felina fa leva principalmente sull'energia femminile, quindi si invocano le divinità femminili descritte in precedenza, tuttavia troverete anche qualche rituale dedica-

to a divinità maschili come Mihos e Dioniso. Per ciascun incantesimo viene indicato il materiale necessario, ma tenete presente che il vostro gatto dovrà stare sempre accanto a voi per tutta la durata del rituale. Sceglierete momenti in cui l'animale è tranquillo e accetta di presenziare all'operazione, evitando di forzarlo se non si mostra d'accordo. Chi possiede più di un gatto eseguirà ciascun incantesimo con un felino alla volta, eventualmente ripetendo la procedura tale e quale prima con un soggetto e poi con l'altro (in questo modo l'incantesimo acquista maggior forza); oppure darà la preferenza al gatto che sembra più bendisposto.

Fidatevi delle vostre intuizioni e ricordate: le pratiche magiche sono un'arte creativa che richiede di venire personalizzata, per cui le indicazioni di base qui riportate potranno essere adattate alla sensibilità e alle conoscenze dell'operatore. Poiché il motto della magia è *volere*, per avere risultati positivi bisogna essere sicuri di sé, risoluti, e desiderare ardentemente che il cambiamento si verifichi: non è opportuno avvicinarsi a questi rituali con scetticismo, paura o insicurezza. Inoltre dovrete agire sempre per il bene vostro e altrui, adoperandovi per creare serenità senza provocare danni a nessuno, poiché le azioni e gli intenti malvagi si ritorcono contro l'operatore.

Quando negli incantesimi si fa uso di cristalli ricordatevi per prima cosa di purificarli sotto sale grosso (o sotto argilla se si tratta di una pietra delicata), in un recipiente di vetro per 3 giorni consecutivi; lavateli poi con acqua e sapone e collocateli per almeno un'ora sul davanzale della finestra alla luce del Sole. Leggete anche, a p. 33, le particolarità dei "giorni egiziani" per quanto riguarda le magie lunari; infine tenete presente la possibilità di ripetere ciascun rituale per tre giorni di seguito, oppure per tre volte successive secondo le fasi lunari appropriate, in modo da aumentare le probabilità di successo.

Rituale di benvenuto per un nuovo gatto

Per dare il benvenuto al nuovo felino che avete deciso di accogliere in casa – oppure per creare vibrazioni positive rispetto a quello che abita già con voi – attuate questa cerimonia composta di due parti. Lo scopo primario è di armonizzare il gatto con voi stessi, con la casa e con gli eventuali altri occupanti; in secondo luogo assegnerete un nome all'animale e procederete ad attivare i poteri di quest'ultimo. Agite di giovedì, giorno di Giove, in modo da unire al potere delle tre dee che invocherete anche la benedizione del padre degli dèi. Dovete operare di sera, con la Luna nuova.

Materiale necessario

- Tre piccole candele in onore delle divinità che verranno invocate: bianca per Bastet, rossa per Sekhmet, verde per Freya;
- una piccola candela di colore simile alla pelliccia del gatto;
- quattro portacandele adeguati;
- alcune foglie fresche di erba gatta;
- un temperino o uno stiletto con la punta fine per incidere il nome del felino sulla candela;
- un incenso all'aroma di mirra;
- una ciotola di vetro piena d'acqua (meglio se di fonte);
- un cucchiaino di sale marino fino (meglio se integrale);
- un foglietto di carta bianca e una penna o un pennarello con inchiostro nero;
- un piccolo braciere o un portacenere;
- un accendino.

Parte prima. Invocazione e lavacro Disponete su un tavolo le candele per le dee in orizzontale, l'una accanto all'altra, in quest'ordine: la bianca di Bastet a sinistra, la rossa di Sekhmet al centro, la verde di Freya a destra. Davanti alla candela rossa sistemate quella di colore simile alla pelliccia del vostro gatto, e davanti a questa la ciotola con l'acqua. L'incenso verrà collocato sulla sinistra. Servendovi del

> *Da sempre il gatto viene associato alla Luna. Come la Luna, si anima di notte fuggendo dall'umanità e vagando sui tetti con i suoi occhi lucenti in grado di penetrare l'oscurità.*
>
> Patricia Dale-Green

temperino incidete sulla candela, in verticale, il nome scelto per il gatto; accendete candele e incenso, quindi gettate il cucchiaino di sale nella ciotola dell'acqua e mescolate. Prendete il gatto in braccio, accarezzatelo, concentratevi e intonate l'invocazione seguente:

Leggiadre divinità feline, Bastet, Sekhmet e Freya,
ai vostri poteri questa ciotola d'acqua consacro,
affinché sia per il mio gatto un magico lavacro.
Dolce Bastet, questa creatura benedici
e fai che qui si senta sempre tra amici;
potente Sekhmet, questa creatura proteggi
e ogni sua paura in sicurezza correggi;
amabile Freya, questa creatura sostieni
e rendila sana e forte con le arti che detieni.
Come io comando e voglio, questo gatto tutti sapranno amare,
come io comando e voglio, così dovrà essere e restare.

Ringraziate le tre dee e rivolgete un ossequio anche a Giove, quindi mettete un dito nell'acqua della ciotola e applicatelo sulla testa del gatto, bagnandogli leggermente il pelo; fate lo stesso con ciascuna delle quattro zampe. Adesso potete lasciare libero il vostro amico, dandogli come premio le foglie di erba gatta. Assicuratevi però che non si allontani dalla stanza nella quale state eseguendo il rituale. Proseguite con la seconda parte della cerimonia.

Parte seconda. Incantesimo per il nome Il nome che avete scelto per il vostro gatto verrà attivato da questo incantesimo, consentendo all'animale di sviluppare i propri poteri magici. Scrivete sul pezzo di carta il nome inserendolo all'interno di un rettangolo, prendete in braccio il gatto e recitate questa formula:

Con l'aiuto delle divinità feline che ho prima invocato
chiedo che il nome scelto per il mio gatto venga attivato
e che i poteri magici concessi da Madre Natura
in dono a questa piccola, fantastica creatura
siano d'ora in poi rafforzati, così da diventare
per me un valido aiuto in qualsiasi circostanza,
nella ricerca di pace, benessere e abbondanza.
Come io comando e voglio, ... (nome gatto), sei tu che qui decanto,
come io comando e voglio, con te compirò ogni mio incanto.

Lasciate libero il gatto, ponete il biglietto con il nome nel braciere e bruciatelo. Ringraziate ancora una volta le divinità, attendete che le candele e l'incenso si consumino completamente senza spegnerli, poi raccoglietene i residui, uniteli alle foglie di erba gatta e alla cenere del biglietto bruciato, incartate il tutto e seppellite l'involucro in giardino o in una zona esterna vicino alla casa. Prima di ricoprire di terra la buca versateci l'acqua contenuta nella ciotola.

I tre rituali di Bastet

Statuetta di Bastet, Parigi, Museo del Louvre.

La dea Bastet può essere chiamata in aiuto per compiere le tre operazioni seguenti: consacrazione del gatto, rituale per propiziare l'amore, rituale per favorire la nascita di un figlio. Mentre le prime due possono essere eseguite da una persona sola, per il terzo incantesimo sarebbe meglio che l'uomo e la donna agissero insieme. Il colore bianco si usa in generale per gli incantesimi che prevedono l'intervento di Bastet, mentre il colore verde è il più appropriato quando si invoca la dea per questioni associate all'amore e alla fertilità. Il giorno della settimana cambia secondo il tipo di rituale: bisognerà operare di lunedì per la consacrazione del gatto e per il concepimento, di venerdì per ciò che riguarda l'amore.

1. Consacrazione del gatto Effettuate questa procedura dopo aver eseguito il rituale di benvenuto per un nuovo gatto, in quanto per prima cosa è necessario armonizzare il felino con voi stessi e con la casa e attivarne il nome e i poteri. I due incantesimi compiuti in successione potenzieranno le facoltà del vostro amico, cosicché il suo aiuto sottile in varie situazioni sarà ancora più efficace.

La consacrazione a Bastet radica fortemente l'animale nel ruolo di assistente magico, pertanto la cerimonia può essere particolarmente importante per coloro che intendono dedicarsi alla magia felina. Questo incantesimo deve sempre precedere quello di attivazione dell'amuleto felino. Utilizzate una candela bianca e agite di lunedì, con la Luna crescente o piena.

Materiale necessario

- Una piccola candela bianca in onore di Bastet, con il suo portacandela;
- alcune foglie fresche di erba gatta;
- un incenso all'aroma di rosmarino;
- una foto di un'opera d'arte egiziana che ritrae Bastet;
- una foto recente del gatto, scattata dopo che l'animale ha beneficiato del rituale di benvenuto;
- un pezzetto di carta o di cartoncino di colore nero;
- un pennarello con inchiostro argentato;
- un cordoncino o una cordicella di colore bianco (meglio se in una fibra naturale, come il cotone);
- un accendino.

Preparate il tavolo di lavoro collocando la candela bianca a sinistra, l'incenso a destra e i materiali rimanenti al centro.

Le due foto, quella di Bastet e quella del gatto, possono anche essere stampate su carta comune utilizzando la stampante del computer. Abbiate però cura di ritagliare ciascuna immagine con le stesse dimensioni, e anche il pezzetto di carta o di cartoncino di colore nero dovrà avere le stesse misure delle foto.

Accendete candela e incenso, prendete il gatto in braccio, accarezzatelo e offritegli le foglie di erba gatta, quindi pronunciate le frasi seguenti:

A te, graziosa Bastet, consacro ... (nome gatto), il mio assistente felino,
affinché attraverso di lui il tuo potere mi sia sempre vicino.
Ti prego di seguire e proteggere questo gatto con dolcezza,
e di potenziare le sue doti d'intelligenza e sicurezza.
Sviluppa in lui l'intuito, la sensibilità e il coraggio,
volgi il tuo sguardo affettuoso su questo magico animale,
legalo a me rendendolo un compagno sincero e leale.
Come io comando e voglio, questo gatto alla Grande Dea è dedicato,
come io comando e voglio, un nuovo cammino per lui è cominciato.

Ringraziate Bastet, lasciate libero il gatto, prendete il pezzo di carta nera e con il pennarello argentato scriveteci sopra il nome della dea e il nome del felino, inserendoli entrambi all'interno di un unico rettangolo. Unite la foto di Bastet a quella del gatto e al pezzo di carta con la scritta, sovrapponendoli l'uno all'altro, poi arrotolateli tutti e tre in modo da formare un piccolo cilindro che legherete con il cordoncino. Lasciate bruciare la candela e l'incenso finché si saranno consumati completamente, raccoglietene i residui dentro un pezzo di carta e unitevi anche le foglie di erba gatta e il cilindro legato con il cordoncino. Per completare l'incantesimo e farlo durare nel tempo dovrete sotterrare, la sera stessa o l'indomani, l'involucro così ottenuto in un luogo esterno in prossimità della casa.

2. Rituale d'amore Per coltivare una passione amorosa, o semplicemente per rinnovare la soddisfazione in una relazione di coppia, provate questo incantesimo, pensato per attirare l'attenzione dell'amante. Il luogo più adatto è la vostra camera da letto; il giorno dovrà essere un venerdì, con la fase di Luna crescente.

> *Con i gatti non si sa bene dove finisce il normale e dove inizia il paranormale.*
> Fernand Méry

Materiale necessario

- Una piccola candela verde in onore di Bastet, con il suo portacandela;
- una piccola candela per voi e una per il partner, ciascuna del colore relativo al segno zodiacale e completa di portacandela; sceglierete il colore delle candele secondo la tabella riportata qui sotto:

Segno zodiacale	Colore candela	Segno zodiacale	Colore candela
Ariete	Rosso	Bilancia	Verde
Toro	Rosa	Scorpione	Nero
Gemelli	Giallo	Sagittario	Porpora
Cancro	Bianco	Capricorno	Grigio
Leone	Arancione	Acquario	Azzurro
Vergine	Marrone	Pesci	Blu

- alcune foglie fresche di erba gatta;
- un incenso o un olio essenziale all'aroma di lavanda, melissa, mirto, neroli, ninfea, rosa o ylang-ylang (se si usa l'olio essenziale è necessario anche il diffusore con la sua candelina);
- una foto recente vostra e una del partner (vanno bene anche le stampe al computer su carta comune, purché le dimensioni delle due immagini siano identiche);
- due piccole strisce di stoffa oppure due cordoncini (meglio se in un tessuto naturale come il cotone): una di colore verde, l'altra di colore rosso;
- un piccolo braciere oppure un portacenere;
- un piccolo quarzo rosa levigato, delle dimensioni di un sassolino;
- un accendino.

Collocate al centro la candela verde di Bastet e ai lati di questa le due candele che rappresentano voi e il partner. Ponete alcune foglie di erba gatta sotto la candela di Bastet, le altre offritele al vostro gatto. Accendete le candele e l'incenso (oppure versate nel diffusore 8 gocce dell'olio essenziale scelto); sistemate davanti a voi le due foto sovrapposte con le immagini che si toccano (l'una rivolta verso l'altra) e collocateci sopra il quarzo rosa. Pronunciate dunque la formula magica:

Non si chiamano felini. Sono delle signore e dei signori.
Laura Betti

Tibet
PRIMAVERA LIFE

Nel nome della leggiadra Bastet, dea del desiderio e dell'amore,
lancio un sortilegio ammaliatore, che guidi il fuoco del mio cuore.
Chiedo che ... (nome partner) si leghi in maniera ancor più forte
alla mia persona, per affrontare insieme tutte le vicende della sorte.
Chiedo che ... (nome partner) bruci per me di sentimento e di passione,
così come io brucerò per lui (lei) con fedeltà, rispetto e dedizione:
uniti noi due saremo una cosa sola, anime gemelle sospinte dalla gioia.
Come io comando e voglio, questo rituale rafforzerà il nostro attaccamento,
come io comando e voglio, affinché la coppia ottenga un miglioramento.

Prendete le due foto sovrapposte, arrotolatele fino a formare un cilindro e legatele con le strisce o con i cordoncini colorati, quindi ponete il tutto nel braciere e appiccate il fuoco.

Ringraziate la dea, lasciate bruciare le candele e l'incenso (se quest'ultimo è presente) finché si saranno consumati; in un pezzo di carta raccogliete i residui (tra cui la cenere delle foto e delle strisce che le legavano), aggiungendo anche le foglie di erba gatta e il quarzo rosa. Recatevi in un luogo esterno vicino alla casa e seppellite l'involucro: se avete utilizzato il diffusore di essenze rovesciate nella buca l'acqua in esso contenuta.

Se invece siete soli e volete trovare un partner, procedete come segue, operando sempre di venerdì con la Luna crescente.

Materiale necessario

- Una piccola candela verde in onore di Bastet, con il suo portacandela;
- una piccola candela per voi, del colore relativo al vostro segno zodiacale, completa di portacandela: sceglierete il colore della candela secondo la tabella data in precedenza;
- alcune foglie fresche di erba gatta;
- un piccolo quarzo ialino formato da due cristalli dotati di punta uniti per la base e per un lato: questo cristallo viene chiamato "tantrico" in cristalloterapia e "geminato" in mineralogia (consultate i libri specialistici per individuarlo);
- un incenso o un olio essenziale all'aroma di lavanda, melissa, mirto, neroli, ninfea, rosa o ylang-ylang (se si usa l'olio essenziale è necessario anche il diffusore con la sua candelina);
- un foglio di carta bianca formato A4;
- una penna con inchiostro di colore verde;
- un piccolo braciere o un portacenere;
- un accendino.

Sistemate a sinistra la candela verde dedicata a Bastet, a destra la vostra candela personale. Accendetele entrambe e accendete anche l'incenso, oppure attivate il diffusore di essenze versandoci 8 gocce dell'olio essenziale che avete deciso di utilizzare. Collocate il braciere o il portacenere tra le due candele, e davanti a questo

Lavorare con i gatti è una delle forme più gratificanti di magia animale.
Scott Cunningham

il foglio di carta, la penna e il cristallo tantrico. Offrite l'erba gatta al gatto, rilassatevi e concentratevi, poi recitate l'invocazione:

Nel nome della leggiadra Bastet, dea del desiderio e dell'amore,
lancio un sortilegio acquisitore, che attiri la persona del mio cuore.
Sono adesso disponibile a creare una coppia armoniosa e duratura,
amando e onorando colui/colei che verrà a me senza alcuna forzatura.
Mentre aspetto con fiducia il compiersi dell'evento che qui invoco,
chiedo alla Dea Gatta di aiutarmi a essere equilibrato e attraente,
in modo che l'amore entri nella mia vita e diventi subito eloquente.
Come io comando e voglio, la persona giusta sta per arrivare,
come io comando e voglio, presto l'amore riuscirò a trovare.

Prendete il foglio di carta e la penna e scrivete per 21 volte la frase: "... (vostro nome e cognome) troverà presto l'amore"; ripiegate il foglio e poggiatelo sulla fronte insieme al cristallo, quindi a occhi chiusi ripetete la stessa frase mentalmente varie volte, immaginando di vedervi insieme al profilo di una persona che rappresenta il vostro partner. Non dovete visualizzare una persona precisa, poiché arriverà quella che il karma vorrà mandarvi: dovete solo immaginare che siete felici in compagnia di qualcuno la cui fisionomia non è per il momento precisata. Ponete il foglio dentro al braciere e bruciatelo.

Ringraziate Bastet, lasciate consumare candele e incenso e mettete i residui insieme alla cenere del foglio bruciato e all'erba gatta in un involucro di carta che seppellirete al più presto in prossimità della casa, versando nella buca anche l'acqua contenuta nel diffusore se avete utilizzato l'olio essenziale. Dovrete invece portare indosso ogni giorno il cristallo tantrico finché non incontrerete la persona giusta.

3. Rituale per il concepimento Per favorire il concepimento sarebbe opportuno che i due membri della coppia eseguissero insieme il rituale; eventualmente potrà operare solo uno dei partner, purché l'altro ne sia a conoscenza e abbia dato la sua approvazione.

Il giorno deve essere un lunedì, con la fase di Luna crescente o piena.

Materiale necessario

- Una piccola candela verde in onore di Bastet, con il suo portacandela;
- alcune foglie fresche di erba gatta;
- una piccola zucchina di forma sferica;
- una piccola banana;
- una foto che ritrae entrambi i partner da soli, in atteggiamento affettuoso (va bene anche una stampa al computer su carta comune);
- un oggetto simbolico relativo ai neonati, come un ciuccio, le scarpine di stoffa, un bavaglino, un sonaglio;
- un flaconcino di olio essenziale di mandarino;
- un diffusore per oli essenziali con la sua candelina;
- un cordoncino o una cordicella di colore bianco (meglio se in una fibra naturale, come il cotone);
- un accendino.

Mettete la candela di Bastet al centro e davanti a questa la foto della coppia collocandovi sopra zucchina, banana e oggetto da neonati. A sinistra posizionate il diffusore di essenze, a destra il cordoncino bianco. Accendete la candela e attivate il diffusore versandovi 9 gocce di olio essenziale di mandarino. Rilassatevi, accarezzate il gatto e dategli le foglie di erba gatta, poi recitate le frasi necessarie per compiere l'incantesimo. Se state operando insieme al partner tenetevi per mano e pronunciate le frasi contemporaneamente; se agite da soli prima di ripetere la formula visualizzate il partner che approva il rituale.

Dite queste parole, mantenendo le frasi al plurale anche se state effettuando la procedura da soli:

Con l'aiuto della divina Bastet, dea della fertilità e della famiglia,
chiediamo di poter ottenere il dono di un figlio o di una figlia,
un bambino sano e bello capace di allietare la nostra unione,
un erede da amare ed educare colmi di gioia e soddisfazione.
Che la Grande Madre Bastet protegga gravidanza e parto,
affinché noi genitori possiamo giungere al lieto evento
senza problema alcuno, senza stress o turbamento.
Così esprimiamo il nostro volere per conseguire quanto detto,
così diamo il comando legandoci reciprocamente con affetto.

Prendete la zucchina e la banana e legatele insieme con il cordoncino bianco, collocatele sulla foto che ritrae la coppia e mettete sopra ad esse l'oggetto simbolico del neonato. La donna poggia la mano sinistra sugli oggetti, l'uomo la mano destra su quella della compagna. Se a operare è uno solo dei partner poggerà entrambe le mani sugli oggetti. I due si concentrano ripetendo alcune volte la frase: «Avremo presto un figlio», oppure le stesse parole vengono pronunciate da chi esegue il rito.

Il nome del dio che veglia su di te è Gatto.
Incantesimo 145
12ª porta del *Libro dei Morti* egiziano
(XIX Dinastia, circa 1250 a.C.)

Ringraziate la dea Bastet e aspettate che le candele si consumino da sole. Preparate alcuni strati di carta dove metterete i residui delle candele, la zucchina e la banana legati insieme e le foglie di erba gatta, cospargendo il tutto con l'acqua contenuta nel diffusore di essenze. La sera stessa o l'indomani recatevi presso un corso d'acqua (come un torrente o un fiume) e gettateci dentro l'involucro. Conservate invece la foto e l'oggetto da neonati in camera da letto finché non avviene il concepimento.

Attivazione di un amuleto felino

Procuratevi un amuleto da caricare con i poteri della magia felina, che potrete utilizzare in varie occasioni, specialmente quando siete fuori casa e non potete beneficiare della presenza del vostro gatto. Chiedete a un orefice o a un artigiano di realizzare per voi un ciondolo a forma di gatto, una spilla o un orecchino, oppure acquistatene uno già pronto, facendoci eventualmente incidere sopra il nome del vostro animale. Il materiale può essere vario, anche se di solito si consiglia l'argento, metallo associato alle divinità lunari e alle pratiche esoteriche. L'amuleto in questione servirà come catalizzatore per compiere i rituali qualora il gatto non sia presente; inoltre portandolo con voi stimolerete la produttività, la creatività e la buona fortuna.

Prima di poter compiere questo incantesimo è necessario avere eseguito il rituale di benvenuto e quello per la consacrazione del gatto alla dea Bastet (vedi paragrafi precedenti).

Un gatto ti permette di dormire sul letto. Sull'orlo.
Jenny de Vries

Una volta che siete in possesso dell'oggetto tenetelo per 3 giorni consecutivi sotto sale grosso in un recipiente di vctro, quindi lavatelo con acqua corrente e sapone ed esponetelo per almeno un'ora alla luce del Sole, sul davanzale della finestra oppure in giardino. Questa prima procedura serve per purificare l'amuleto e caricarlo di energia: se desiderate aumentare le sue prerogative femminili lo esporrete piuttosto alla luce lunare, durante la fase di Luna crescente o al plenilunio. Appendete poi l'oggetto al collarino del vostro gatto (naturalmente dovrà trattarsi di un ciondolo non troppo grosso e privo di parti appuntite che possano ferire l'animale) e lasciate che lo porti con sé per una notte intera. A questo punto fotografate l'amuleto e procedete con il rituale di attivazione vero e proprio.

> *Un piccolo gatto*
> *trasforma il ritorno*
> *in una casa vuota*
> *nel ritorno a casa.*
> Pam Brown

Materiale necessario

- Una piccola candela bianca in onore di Bastet, con il suo portacandela;
- una piccola candela argentata in onore di Diana, con il suo portacandela;
- un incenso all'aroma di gelsomino;
- una foto dell'amuleto scattata dopo che questo è stato purificato e indossato dal gatto come detto sopra (va bene anche una stampa al computer su carta comune);
- un piccolo braciere o un portacenere;
- un accendino.

Accendete le candele e l'incenso, collocando davanti ad essi la foto dell'amuleto. Prendete in mano l'amuleto, rilassatevi e concentratevi: il vostro gatto deve essere vicino a voi.

Respirate profondamente per alcune volte, quindi chiudete gli occhi e visualizzate l'amuleto che si illumina, risplendendo di energia e di buona fortuna. Pronunciate questa invocazione:

Bastet e Diana, Signore della magia felina, ascoltatemi vi prego:
attivate questo amuleto, che ai poteri del mio gatto io collego.
Fate che esso richiami energie positive e mi sia d'aiuto
ogni volta che cerco sostegno per affrontare l'accaduto.
Attraverso questo simbolo possa io ottenere serenità e fortuna
attingendo alle vibrazioni benigne e agli incanti della Luna;
possa infine il legame tra me e ... (nome gatto) rafforzarsi sempre più.
Come io comando e voglio, questo amuleto adesso è attivato,
come io comando e voglio, il suo influsso mai verrà alterato.

Mettete la foto dell'amuleto nel braciere e bruciatela. Ringraziate Bastet e Diana, quindi attendete che la candela e l'incenso si consumino completamente. Raccogliete i residui (compresa la cenere della foto) in un pezzo di carta, recatevi all'esterno in prossimità della casa, scavate una buca nel terreno e seppellite l'involucro.

Incantesimo di protezione con Sekhmet

In armonia con Sekhmet sono il Sole risplendente, l'elemento Fuoco e i colori arancione e rosso. Conviene agire di domenica per una maggiore energia solare, oppure di martedì per entrare in risonanza con Marte e il suo aspetto guerriero. I momenti adatti a Sekhmet sono il mezzogiorno, quando il Sole è allo Zenit, e la fase di Luna calante. Anche le torride temperature estive sono in corrispondenza con la dea leonessa. L'incantesimo è concepito in modo da favorire la protezione della casa e dei suoi abitanti.

Franz Marc, Tre gatti, *1913,*
Dusseldorf, Kunstsammlung Nordrhein-Westfalen.

Materiale necessario

- Una piccola candela in onore di Sekhmet: arancione se si opera di domenica, rossa se si opera di martedì;
- una piccola candela nera, per allontanare le negatività;
- due portacandele adeguati;
- una tormalina nera come cristallo di protezione;
- il cristallo del coraggio: una pietra di Sole se si opera di domenica, altrimenti un rubino non trasparente, di prezzo accessibile, se si opera di martedì;
- un incenso o un olio essenziale all'aroma di cannella e uno all'aroma di lavanda (se si usa l'olio essenziale è necessario anche il diffusore con la sua candelina);
- un'effigie di Sekhmet: una foto di un'opera d'arte egiziana che la ritrae, una statuetta o qualunque altro tipo di riproduzione;
- un accendino.

Sistemate il materiale sul posto di lavoro: a destra la candela di Sekhmet, a sinistra quella nera; davanti alla candela della dea la pietra di Sole o il rubino; davanti alla candela nera la tormalina nera; in mezzo alle candele gli incensi o il diffusore di oli essenziali e l'effigie di Sekhmet. Accendete candele e incensi (oppure attivate il diffusore versandovi 10 gocce di ciascuno dei due oli essenziali), concentratevi, accarezzate il gatto e recitate la formula:

Potente Sekhmet, dea del coraggio e della protezione,
volgi lo sguardo su di me e ascolta la mia invocazione.
Ti chiedo di proteggere questa casa e chi ci vive,
in modo che le giornate siano d'interferenza prive.
Allontana da noi invidia, cattiveria e intrusioni,
trasforma il nemico in un amichevole soggetto,
fai che qui arrivi solo gente piena di rispetto.
Come io comando e voglio, questa casa è ora ben difesa,
come io comando e voglio, eviteremo ogni brutta sorpresa.

Ringraziate Sekhmet, quindi prendete la sua effigie e, tenendola in mano, iniziate da un angolo della stanza facendola scorrere vicino alle pareti, come fosse una matita invisibile che traccia un perimetro di protezione. Mentre fate questo pronunciate la frase: «Potente Sekhmet, proteggi questa casa e i suoi abitanti» una volta per ciascuna parete. Ripetete l'operazione in tutti gli ambienti della casa, compresi cantina, garage e simili; se invece si tratta di un edificio isolato, che non confina con altri palazzi, potete più semplicemente recarvi all'esterno e far scorrere l'effigie della dea intorno ai muri perimetrali. Al termine applicate i due cristalli sulla porta di casa, o sul muro interno sopra la porta, oppure accanto alla soglia. Ricordatevi di recuperare ogni tanto i cristalli per purificarli sotto sale.

Quando le candele si sono consumate incartate i residui e seppellite il tutto vicino all'abitazione, versando nella buca anche l'acqua contenuta nel diffusore. Conservate l'effigie di Sekhmet all'interno della casa.

Sortilegio di Freya per trovare l'amore

Rivolgetevi a Freya, Signora delle Valchirie e dea dell'amore, se siete soli e desiderate trovare un partner. Operate di venerdì sera, durante la fase di Luna crescente.

Materiale necessario

- Una piccola candela verde in onore di Freya, con il suo portacandela;
- un vaso o un recipiente molto ampio (diametro minimo 50 cm), meglio se in un materiale naturale come vetro, ceramica, terracotta;
- acqua (meglio se di fonte) sufficiente per riempire il vaso;
- uno specchio da toilette con il manico, non troppo piccolo;
- un quarzo rosa levigato, delle dimensioni di un sassolino;
- una vostra foto recente (va bene anche una stampa al computer su carta comune);
- un incenso all'aroma di rosa;
- un accendino.

Per eseguire agevolmente l'incantesimo potrebbe essere necessario sistemarsi all'esterno della casa: su un balcone, in giardino o in uno spazio aperto, poiché la Luna dovrà specchiarsi nell'acqua contenuta dentro al vaso.

Preparate l'occorrente su un tavolo; il vaso pieno d'acqua può stare sul tavolo oppure sul pavimento, l'importante è che l'immagine della Luna si rifletta nell'acqua durante il rituale.

Accendete la candela e l'incenso, collocate il quarzo rosa sulla foto, prendete il gatto in braccio e concentratevi. Quando siete pronti intonate la formula seguente:

Incantevole Freya, Signora dei felini e dell'amore,
ascoltami stanotte e soddisfa la richiesta del mio cuore.
Mandami la persona giusta, l'amante che a me conviene,
e legami a lui (lei) rendendo le nostre ore di armonia piene.
Adesso che sono pronto per unirmi sentimentalmente a qualcuno,
so che con il tuo aiuto riuscirò a esaudire questo desiderio,
evitando ogni gesto che fosse per me e per gli altri deleterio.
Come io comando e voglio, l'amante migliore presto saprò trovare,
come io comando e voglio, lui (lei) con me sarà ben felice di restare.

Prendete lo specchio e fate in modo che il muso del gatto vi si rifletta un istante; spostatevi verso il vaso con l'acqua, rivolgete lo specchio in direzione della Luna e catturatene il riflesso; infine concentratevi sullo specchio e immaginate di vedere apparire il volto del futuro partner. Se il gatto possiede una certa abilità nelle operazioni magiche la fisionomia del partner apparirà per un istante.

Un gatto
è un enigma
senza soluzione.
Hazel Nicholson

Ringraziate Freya e attendete in meditazione finché la candela e l'incenso non si saranno consumati completamente. Raccoglietene i residui dentro un foglio di carta, unitevi la vostra foto e il quarzo rosa e seppellite il tutto in un luogo in prossimità della casa, avendo cura di versare nella buca anche un po' d'acqua prelevata dal vaso.

Incantesimo per il ritorno del gatto smarrito

Nel caso che il gatto si sia allontanato da casa, oltre ad affiggere volantini e a sperimentare la chiamata telepatica come spiegato nel capitolo successivo potete effettuare la seguente magia.

Materiale necessario

- Tre piccole candele in onore delle divinità che verranno invocate: bianca per Bastet, argentata per Diana, verde per Freya;
- una piccola candela di colore simile alla pelliccia del gatto;
- quattro portacandele adeguati;
- una foto recente dell'animale;
- un ciuffo di peli caduti del gatto (raccolti da una spazzola o dalla cuccia);
- un temperino o uno stiletto con la punta fine per incidere il nome del felino sulla candela;
- un flaconcino di olio essenziale di anice, gelsomino o rosmarino;
- un diffusore per oli essenziali con la sua candelina;
- un accendino.

Sistemate le tre candele delle dee in orizzontale, l'una accanto all'altra: bianca per Bastet a sinistra, argentata per

Diana al centro, verde per Freya a destra. Davanti alla candela di Diana collocate quella del gatto, e a sinistra il diffusore di essenze. Con il temperino incidete sulla candela, in verticale, il nome del gatto. Poggiate davanti alla candela rappresentativa del felino la sua foto, e sopra a questa il ciuffo di peli. Accendete le candele, attivate il diffusore versandovi 6 gocce di olio essenziale, rilassatevi e concentratevi, poi intonate la richiesta seguente:

La mia pena passerà quando avrò trovato la compagnia di un gatto.
Ahmed Ibn Faris,
letterato iraniano vissuto intorno all'anno 1000

Invoco le dee protettrici dei gatti: Bastet, Diana e Freya,
potenti Signore d'ogni incantamento,
vi prego di concedermi un portento.
Fate che ... (nome gatto) torni al mio cospetto,
per la magia della casa e dell'affetto;
affido a voi la salvezza del gatto smarrito,
affinché esso mi sia al più presto restituito.
Come io comando e voglio, ... (nome gatto) a me deve tornare,
come io comando e voglio, qui presto arriverà per restare.

Ringraziate le dee, quindi chiudete gli occhi e visualizzate il gatto che torna da voi. Potete anche cercare di sintonizzarvi telepaticamente con lui, allo scopo di ottenere un messaggio che vi indichi dove si trova o se ha incontrato qualche ostacolo che gli impedisce di rientrare a casa. Fintanto che le candele bruciano fino a consumarsi del tutto rimanete in meditazione in modo da ricevere indicazioni che riguardano il felino smarrito. Raccogliete poi i residui delle candele e incartateli insieme alla foto e al ciuffo di peli, bagnando leggermente i materiali con un po' d'acqua prelevata dal diffusore di essenze. Collocate l'involucro nella cuccia del gatto e lasciatelo lì finché non ritrovate l'animale: a quel punto potrete gettarlo in un torrente o in un fiume.

Incantesimo del potere personale con Mihos

L'invocazione al dio leone figlio di Bastet si presta ottimamente per sviluppare doti di coraggio, volitività e fiducia in se stessi. Attraverso questo incantesimo aumenterete il potere personale, rafforzerete il vostro ascendente sugli altri e otterrete rispetto e ammirazione. Agite di domenica, preferibilmente a mezzogiorno.

Materiale necessario

- Una piccola candela arancione, in onore di Mihos;
- una piccola candela del colore corrispondente al vostro segno zodiacale, secondo la tabella data in precedenza nel rituale d'amore di Bastet;
- un piattino da usare come base per le due candele;
- un incenso o un olio essenziale all'aroma di cannella;
- un cordoncino o una striscia di stoffa di colore rosso (meglio se in un tessuto naturale come il cotone);
- una vostra foto recente (anche stampata al computer su carta comune);
- un'immagine di Mihos (potete fotocopiare quella presente nella pagina a fianco);
- un piccolo braciere o un portacenere;
- un piccolo quarzo occhio di tigre;
- un accendino.

Legate insieme le due candele con il cordoncino rosso e mettetele sul piattino, eventualmente lasciando gocciolare un po' di cera dalle candele accese sulla superficie del piattino in modo che entrambe si attacchino bene al supporto. Collocatele in fondo al tavolo e davanti ad esse sistemate il braciere; davanti al braciere mettete la vostra foto rivolta verso quella di Mihos in modo che le figure si tocchino (abbiate cura di ritagliare le due immagini più o meno della stessa dimensione); sopra alle foto posizionate il quarzo occhio di tigre. L'incenso o il diffusore di aromi verrà collocato a destra (nel caso, versate nell'acqua 12 gocce di olio essenziale). Concentratevi accarezzando il gatto e recitate l'invocazione:

Valoroso Mihos, figlio di Bastet, dio della battaglia e del coraggio,
Signore Scarlatto che brandisci il coltello, accetta questo omaggio,
ti offro la fiamma e il profumo di cannella, chiedendoti aiuto
affinché il mio potere sugli altri sia d'ora in poi accresciuto.
Donami fiducia in me stesso, rendimi forte e fai che sia ammirato:
userò la tua energia a fin di bene, nel rispetto verso ogni creatura,
per migliorare la mia posizione e quella altrui con disinvoltura.
Come io comando e voglio, svilupperò il mio prestigio,
come io comando e voglio, evitando qualsiasi litigio.

Ringraziate Mihos, prendete le due immagini e ponetele nel braciere appiccando il fuoco. Mentre attendete che le candele si consumino del tutto poggiate il quarzo occhio di tigre sulla fronte, nel punto corrispondente al 6° chakra, concentratevi e ripetete alcune volte la frase: «Il potere del valoroso Mihos carica questo cristallo».

Recuperate i residui (candele, cordoncino rosso, eventuale incenso e cenere delle immagini bruciate), incartateli e seppellite l'involucro in un luogo esterno in prossimità della casa.

Se avete utilizzato l'olio essenziale versate nella buca l'acqua contenuta nel diffusore. Conservate con cura il quarzo occhio di tigre: lo utilizzerete per la meditazione e lo porterete con voi nelle situazioni in cui volete aumentare il vostro carisma.

Sortilegio per migliorare il lavoro e aumentare il denaro

Nel caso abbiate problemi economici o difficoltà nel lavoro (disoccupazione, scarsa attività lavorativa) provate questo sortilegio allo scopo di migliorare la vostra situazione. Operate di giovedì, con la fase di Luna crescente, invocando anche l'intervento di Giove, dio della ricchezza e della fortuna.

Henri Rousseau, Ritratto di Pierre Loti, 1891, *Zurigo, Kunsthaus.*

Materiale necessario

- Una piccola candela rossa in onore di Sekhmet, con il suo portacandela;
- una piccola candela arancione in onore di Mihos, con il suo portacandela;
- un flaconcino di olio essenziale di benzoino;
- un diffusore per oli essenziali con la sua candelina;
- una moneta da 1 euro;
- un piccolo cristallo di quarzo citrino, simile a un sassolino levigato;
- un piccolo sacchetto o un quadrato di stoffa color porpora (meglio se in un tessuto naturale come il cotone) che possa contenere la moneta e il cristallo di quarzo citrino;
- un cordoncino di colore giallo (meglio se in un tessuto naturale come il cotone);
- un accendino.

Per prima cosa ungete le due candele per la loro lunghezza con alcune gocce di olio essenziale di benzoino, quindi sistematele nei portacandele, l'una accanto all'altra. Disponete a sinistra il diffusore di essenze, a destra il sacchetto o il pezzo di stoffa e il cordoncino, al centro la moneta da 1 euro e sopra ad essa il cristallo di quarzo citrino. Accendete le candele e attivate il diffusore versandovi 9 gocce di olio essenziale, prendete in braccio il gatto, rilassatevi e concentratevi. Pronunciate poi quanto segue:

Potente Sekhmet, valoroso Mihos, invoco la vostra attenzione
e chiedo anche al padre Giove di aiutarmi nella mia situazione.
Fate che mi giungano presto i soldi sufficienti per ogni necessità,
e che ottenga nel lavoro successi duraturi in piena tranquillità.
Praticando nove nodi in questo cordoncino ingrazierò la fortuna
collegandola alle nove vite del mio gatto, e con l'aroma di benzoino
coglierò le occasioni per migliorare l'attuale linea del destino.
Come io comando e voglio, sono adesso capace di attirare il denaro,
come io comando e voglio, a progredire nella professione imparo.

Ringraziate le divinità invocate, prendete il cordoncino ed eseguite su di esso nove nodi a qualche centimetro di distanza l'uno dall'altro. Mettete nel sacchetto o nel pezzo di stoffa la moneta e il quarzo citrino, legate il tutto strettamente con il cordoncino che ha i nove nodi, poggiate l'involucro sul plesso solare e visualizzate per alcuni minuti i miglioramenti a cui aspirate: che vi arriva del denaro, che trovate lavoro o ricavate maggiori soddisfazioni nella professione. Quando le candele si sono consumate del tutto raccogliete i residui in un pezzo di carta, andate in un luogo esterno vicino alla casa e seppellite l'involucro, senza dimenticare di rovesciare nella buca l'acqua contenuta nel diffusore. Ogni giorno porterete indosso il sacchetto con il cordoncino annodato in modo da favorire il realizzarsi dell'incantesimo.

Incantesimo di Halloween contro le negatività

Per allontanare le situazioni negative e accrescere la fortuna eseguite questo rituale la sera del 31 ottobre, dopo che il Sole è tramontato. Nella magica notte di Halloween, con l'aiuto del vostro gatto, potrete dare un'impronta positiva agli eventi che si verificheranno nei mesi successivi.

Materiale necessario

- Una piccola candela nera contro le negatività, con il suo portacandela;
- una piccola turchese, per assorbire le vibrazioni ostili;
- un flaconcino di olio essenziale di ginepro bacche;
- un diffusore per oli essenziali con la sua candelina;
- un foglietto di carta bianca e una penna o un pennarello con inchiostro nero;
- una pagliuzza prelevata da una scopa o da una ramazza con fibre naturali, come la saggina;
- un temperino o uno stiletto con la punta fine per incidere il vostro nome e quello del gatto sulla candela;
- un piccolo braciere o un portacenere;
- un accendino.

Sistemate il materiale nel modo seguente: in fondo, al centro, la candela nera; davanti a questa il braciere o il portacenere; davanti a voi, in linea con la candela e il braciere, la turchese, il foglietto di carta e la penna; a sinistra il diffusore di aromi; a destra la pagliuzza della scopa.

Attivate il diffusore versando nella coppetta 12 gocce di olio essenziale; con il temperino incidete sulla candela, in verticale, il vostro nome di battesimo e quello del gatto, poi ungete la candela per tutta la lunghezza con alcune gocce di olio essenziale, rimettetela al suo posto e accendetela. Sul pezzo di carta scrivete sia il vostro nome di battesimo sia quello del gatto e inseriteli all'interno di un rettangolo; poggiate il foglietto sul ripiano con la scritta rivolta verso l'alto e collocatevi sopra la turchese. A questo punto prendete in braccio il gatto, concentratevi e recitate questa formula:

In questa notte di Halloween, dedicata alle forze dell'invisibile,
con l'aiuto del mio gatto creo per entrambi uno scudo invincibile
capace di respingere le situazioni negative e ingraziare la ventura.
Una candela nera per allontanare ogni ostile congiuntura,
una turchese per assorbire qualsiasi fonte di problema,
una pagliuzza della scopa per spazzare via ogni anatema.
Con l'aroma e con il fuoco purifico me stesso e il mio felino,
come io comando e voglio, saremo noi protetti nel futuro,
come io comando e voglio, in modo efficace e duraturo.

Ponete il biglietto recante i nomi vostro e del gatto nel braciere insieme alla pagliuzza della scopa e bruciateli entrambi. Lasciate che le candele si esauriscano, raccoglietene i residui e uniteli alla cenere rimasta nel braciere: incartate il tutto e sotterrate l'involucro la notte stessa in giardino o in un'area esterna in prossimità della casa; prima di ricoprire la buca versateci l'acqua contenuta nel diffusore di essenze. Conservate la turchese e portatela con voi specialmente nelle situazioni in cui potreste avere bisogno di protezione, ricordandovi tuttavia di purificarla ogni tanto sotto argilla.

Rituale per l'allegria con Dioniso

Si tratta di una procedura per ridare ottimismo e buonumore a persone depresse, giù di morale, che si crogiolano nelle loro tristezze. Dioniso, dio greco collegato ai piaceri della vita, potrà alleviare la malinconia. Agite di giovedì se i problemi sono riferiti a situazioni lavorative o di realizzazione personale, di venerdì se la causa della tristezza è da ricercarsi in delusioni amorose. La Luna dovrà essere in fase calante o nuova.

Materiale necessario

- Una piccola candela color porpora o bordeaux in onore di Dioniso, con il suo portacandela;
- una piccola candela di colore nero, con il suo portacandela;
- un temperino o uno stiletto con la punta fine per incidere il vostro nome sulla candela;
- una vostra foto recente;
- una foto raffigurante un grappolo di uva nera;
- un flaconcino di olio essenziale di bergamotto;
- un diffusore per oli essenziali con la sua candelina;
- un piccolo braciere o un portacenere;
- un accendino.

Disponete a destra la candela nera, a sinistra quella bordeaux per Dioniso; al centro il braciere e davanti a questo la foto del grappolo d'uva con sopra la vostra foto (entrambe le immagini rivolte verso l'alto); il diffusore viene collocato a destra e attivato con 9 gocce di olio essenziale. Con il temperino incidete sulla candela nera, in verticale, il vostro nome di battesimo, poi ungetela per tutta la lunghezza con alcune gocce di olio essenziale e rimettetela al suo posto. Stillate alcune gocce di olio essenziale anche sulla vostra foto. Prendete in braccio il gatto e dedicate qualche minuto al rilassamento, quindi pronunciate la formula:

Invoco Dioniso, dio del piacere e dell'estasi, contro la mia tristezza:
potente Signore dell'allegria e del vino, aiutami con fermezza
a superare quest'arduo momento rinnovando in me la gioia interiore.
Fammi apprezzare la bellezza del mondo, rendimi partecipe delle ore
che scorrono, spingimi a comprendere e accettare con soddisfazione
ciò che la vita mi offre ogni giorno: esperienze, situazioni e persone.
Allontana da me i brutti pensieri e rendimi lieto sempre e volentieri.
Come io comando e voglio, la mia vitalità sarà ripristinata,
come io comando e voglio, l'energia psicofisica innalzata.

Ringraziate Dioniso, prendete le due immagini (uva nera e vostra foto), ponetele nel braciere e bruciatele pensando che vi state rinnovando, che presto otterrete un miglioramento dello stato d'animo. Mentre le candele si consumano completamente restate in meditazione accarezzando il gatto e respirando l'aroma di bergamotto: sforzatevi di visualizzare situazioni felici e il superamento dei problemi che vi affliggono. Raccogliete i residui delle candele e la cenere delle foto, incartate il tutto in alcuni strati di carta, versateci sopra un po' dell'acqua contenuta nel diffusore e gettate quanto prima l'involucro in un fiume o in un torrente.

Caravaggio, Bacco, *1595-1596, Firenze, Galleria degli Uffizi.*

Incantesimo per favorire la salute del gatto

Nel caso che il gatto abbia problemi di salute per prima cosa dovrete rivolgervi al veterinario, in particolare a qualcuno che pratichi l'omeopatia o altre cure naturali. Solo in un secondo momento, come coadiuvante della terapia medica in corso, potrete provare quest'incantesimo allo scopo di stimolare le capacità di autoguarigione dell'animale. Agite di notte, durante la fase di Luna calante per diminuire l'intensità della malattia, in vicinanza del gatto malato.

Materiale necessario

- Una piccola candela bianca in onore di Bastet;
- una piccola candela rossa in onore di Sekhmet;
- una piccola candela verde in onore di Freya;
- una piccola candela di colore simile alla pelliccia del gatto;
- quattro portacandele adeguati;
- un temperino o uno stiletto con la punta fine per incidere il nome del felino sulla candela;
- un ciuffo di peli caduti del gatto (raccolti da una spazzola o dalla cuccia);
- un quarzo occhio di gatto;
- quattro materiali simbolici che rappresentino i Quattro Elementi: una coppetta piena d'acqua (meglio se di fonte) per l'Acqua; un bastoncino di incenso dall'aroma balsamico (pino, abete, eucalipto) per l'Aria; un cristallo di ossidiana o di pirite per il Fuoco; una coppetta piena di terriccio per la Terra;
- una bussola;
- un accendino.

Servendovi della bussola individuate i quattro punti cardinali e posizionate in direzione di ciascuno il materiale simbolico corrispondente: Acqua a Ovest, Aria a Sud, Fuoco a Est, Terra a Nord. Collocate al centro le tre candele per le dee, in quest'ordine: bianca per Bastet a sinistra, rossa per Sekhmet nel mezzo, verde per Freya a destra. La candela del colore del mantello del gatto deve essere posizionata davanti a voi, quindi davanti alla candela rossa di Sekhmet. Mettete il ciuffo di peli sotto questa candela, e incidete su di essa il nome del felino; sistematele accanto il quarzo occhio di gatto. Accendete le candele e cominciate a concentrarvi. Prendete il quarzo occhio di gatto e poggiatelo sulla fronte, a contatto con il 6° chakra: per alcuni minuti visualizzate il gatto che guarisce dalla malattia e recupera la salute. Recitate quindi la formula seguente:

O potenti Signore dei gatti, ascoltate questa notte la richiesta mia:
invoco Bastet, Sekhmet e Freya, le tre divinità della magia.
Chiamo poi il Nord, l'Est, il Sud e l'Ovest, i quattro punti cardinali,
e per ciascuno di essi invoco la presenza degli spiriti elementali.
Scendano vibrazioni positive su ... (nome gatto) come sfere d'energia,
e portino a questa creatura la guarigione, la salute e l'armonia.
Acqua, Aria, Fuoco e Terra: i vostri poteri qui riunisco,
come io comando e voglio, il mio gatto deve prosperare,
come io comando e voglio, sano dovrà essere e restare.

Ringraziate le dee e gli spiriti elementali, lasciate bruciare le candele finché si saranno consumate completamente, quindi raccogliete tutto ciò che deve essere gettato via (residui delle candele, ciuffo di peli, materiali simbolici dei Quattro Elementi) e avvolgeteli in un pezzo di carta. La notte stessa o il giorno seguente dovrete buttare l'involucro in un corso d'acqua, come un torrente o un fiume, con l'intenzione di allontanare la malattia dal vostro gatto.

Rituale per l'addio

La perdita del gatto domestico è un'esperienza dolorosa che tuttavia deve essere affrontata con coraggio, in quanto fa parte della legge di evoluzione: il vostro animale ha concluso per il momento la sua avventura terrena e, nell'altra dimensione, si sta preparando per una nuova incarnazione. Se il legame tra di voi era forte certamente vi incontrerete ancora qui o altrove. Il rituale seguente servirà a favorire il distacco emotivo da parte vostra, consentendo al gatto di non rimanere legato alla Terra e di dirigersi verso i livelli superiori dove le guide spirituali lo attendono. Considerate che è limitativo per la vostra e per la sua evoluzione adottare un atteggiamento inconsolabile riguardo alla perdita, in quanto come ben sappiamo la vita terrena rappresenta solo un passaggio di durata limitata. Il rituale può essere eseguito prima o dopo che il gatto è stato inumato, comunque poco tempo dopo la sua scomparsa.

Materiale necessario

- Cinque piccole candele bianche, in onore delle divinità che verranno invocate, ciascuna con il suo portacandela;
- un temperino o uno stiletto con la punta fine per incidere il nome del felino sulle candele;
- una rosa di colore rosa, come simbolo dell'amore e della devozione;
- una foto del gatto;
- un flaconcino di olio essenziale di lavanda;
- un diffusore per oli essenziali con la sua candelina;
- un quarzo occhio di gatto;
- un piccolo sacchetto o un quadrato di stoffa bianca (meglio se in un tessuto naturale come il cotone) che possa contenere la rosa, la foto dell'animale e il quarzo occhio di gatto;
- un accendino.

Le cinque candele vengono collocate in orizzontale, l'una accanto all'altra; a sinistra va messa la rosa, a destra il diffusore di essenze, al centro la foto del felino con sopra il quarzo occhio di gatto. Incidete su ciascuna candela il nome del gatto, in verticale, quindi accendetele e attivate il diffusore versandoci 7 gocce di olio essenziale. Concentratevi e recitate le frasi seguenti:

Invoco Bastet, Sekhmet, Mihos, Freya e Diana: amabili divinità feline,
volgetevi verso il mio gatto ... (nome gatto) che si trova sul confine,
avendo lasciato la Terra per passare nell'altra dimensione.
Accogliete il suo spirito guidandolo alla nuova incarnazione,
che sia felice con voi nell'Aldilà e possa evolvere in armonia.
Benedite il legame fra me e lui, affinché insieme possiamo ritrovarci
in altro tempo e in altro luogo, quelli che il karma vorrà assegnarci.
Come io comando e voglio, il mio gatto attraversa il tunnel senza timore,
come io comando e voglio, fino a veder splendere la Luce dell'Amore.

Ringraziate le divinità feline, annusate la rosa e tenetela in mano; prendete il quarzo occhio di gatto e poggiatelo sulla fronte, nel punto corrispondente al 6° chakra. Effettuate una meditazione inviando messaggi affettuosi al gatto, dicendogli di incamminarsi serenamente nell'aldilà affidandosi alle guide spirituali che verranno a riceverlo. Cercate di non esprimere sentimenti di dolore, ma piuttosto incoraggiate il gatto a staccarsi dalla Terra e a proseguire il suo cammino nell'altra dimensione. Quando le candele si sono consumate completamente raccoglietene i residui in alcuni strati di carta, versatevi sopra un po' dell'acqua contenuta nel diffusore e gettate al più presto l'involucro così ottenuto in un corso d'acqua.

Metterete la rosa, la foto dell'animale e il quarzo occhio di gatto nel sacchetto o nel quadrato di stoffa (eventualmente cucendolo con ago e filo per chiuderlo) e conservatelo per ulteriori meditazioni analoghe a quella descritta sopra.

Esperimenti di telepatia

I gatti capiscono ogni singola parola che noi non diciamo.

Matt Malloy

La comunicazione telepatica tra gli uomini e gli animali più evoluti, come i mammiferi, è sempre esistita, ma nel caso del gatto diventa qualcosa di speciale, dato che può verificarsi con maggiore facilità grazie alle naturali inclinazioni del felino. Soprattutto se si ha con l'animale un rapporto stretto, di tipo affettivo, i messaggi mentali potranno essere scambiati agevolmente nelle due direzioni, cioè dal proprietario al gatto e viceversa. A molti sarà capitato di avere percezioni relative al micio domestico, soprattutto in un momento di forte emozione, quando ci si preoccupava per la sua scomparsa o se l'animale aveva problemi di salute; e spesso tali percezioni si sono poi rivelate esatte. Ad esempio, stiamo cercando il gatto, che pare essersi nascosto, e improvvisamente ci viene in mente la cantina: andiamo a controllare e lo troviamo proprio là. In questo caso si tratta di uno scambio telepatico involontario, cioè non pienamente controllato dalla coscienza; ma si può imparare, con un po' di allenamento, a trasmettere messaggi precisi che il gatto non mancherà di recepire.

Gli esperimenti di seguito descritti serviranno a capire quanto può essere efficace la comunicazione telepatica tra voi e il gatto. Ripeteteli varie volte in giorni diversi e non perdetevi d'animo, poiché a volte si ottengono risultati solo con l'impegno costante. L'ultimo capitolo del libro potrà darvi ulteriori spunti per tentare qualche prova di altro tipo.

Preparazione

Per inviare il messaggio telepatico con sufficiente intensità dovrete entrare in uno stato di rilassamento atto a favorire la concentrazione, senza essere disturbati. Preparate quindi una poltrona o una sedia comoda se volete stare seduti, oppure qualcosa su cui sdraiarvi se volete stare distesi. Allo scopo di stimolare le vostre doti sensitive potete diffondere un olio essenziale con il diffusore di aromi, oppure accendere un bastoncino di incenso; inoltre può essere utile ricorrere a uno o più cristalli. La tabella a p. 199 riporta le piante e i minerali più adatti. Il cristallo, una volta purificato sotto sale grosso (o sotto argilla se si tratta di una pietra delicata) per 3 giorni consecuti-

Flaconcini di alcuni oli essenziali Primavera.

vi e attivato al Sole per almeno un'ora, dovrà essere poggiato sul 6° chakra anteriore (la zona del "terzo occhio", tra le sopracciglia). Scegliete l'olio o l'incenso, così come il cristallo, lasciandovi guidare dall'intuito, oppure ricorrete alla radiestesia (pendolino e biotensor).

Quando siete pronti sedetevi comodamente con la schiena eretta, senza creare tensioni, o se preferite sdraiatevi a ventre verso l'alto, con le gambe leggermente divaricate e le braccia abbandonate ai lati del corpo. A questo punto potete cominciare la procedura di rilassamento come descritta più avanti, a p. 208: effettuerete solo la parte preliminare, tralasciando la visualizzazione della luce dorata che emana dal gatto.

Per favorire la telepatia		
Oli essenziali	**Incensi**	**Cristalli**
Anice (*Pimpinella anisum*)	Gelsomino	Fluorite policroma
Arancio dolce (*Citrus sinensis*)	Lavanda	Iolite
Basilico (*Ocimum basilicum*)	Loto	Lapislazzuli
Gelsomino (*Jasminum grandiflorum*)	Mirra	Quarzo herkimer
Ginepro bacche (*Juniperus communis*)	Olibano	Quarzo ialino biterminato
Rosmarino (*Rosmarinus officinalis*)	Rosmarino	Quarzo occhio di falco
Verbena odorosa (*Lippia citriodora*)	Sandalo	Quarzo occhio di gatto

Esperimento n. 1. La chiamata

Lo scopo è quello di indurre il gatto a venire nel luogo in cui vi trovate voi. Scegliete una zona tranquilla della casa o del giardino, dopo esservi accertati che l'animale si trovi in un'altra stanza e non manifesti l'intenzione di seguirvi. Abbiate cura di lasciare aperte le porte tra l'ambiente dove avete deciso di effettuare l'esperimento e quello dove si trova il gatto, in modo che quest'ultimo non incontri ostacoli nel raggiungervi. Completate la procedura di rilassamento e visualizzate il gatto concentrandovi su di lui: cercate di vederlo mentalmente da varie angolazioni, soffermandovi sui dettagli che lo caratterizzano, e con calma cominciate a chiamarlo per nome solo con il pensiero, senza emettere suoni dalla bocca. Ripetete varie volte il nome del gatto e aggiungete frasi del tipo: "Vieni da me", "Ti sto aspettando", "Ho bisogno di te", "Vieni, vieni, vieni...". Se la cosa funziona sentirete che il gatto entra nella stanza e vi si avvicina, magari toccandovi in qualche modo.

Riaprite dunque gli occhi, ma evitate movimenti bruschi: uscite piano piano dallo stato di rilassamento muovendo un po' alla volta gambe e braccia, eventualmente girandovi su un fianco.

Il gatto è
il più gentile
degli scettici.
Jules Lemaître

È importante infatti non alzarsi di scatto per non risentire di capogiri e di sintomi analoghi.

Per essere maggiormente sicuri che il gatto venga da voi in risposta al richiamo telepatico e non di sua spontanea volontà provate a eseguire l'esperimento mentre l'animale sta dormendo. Se si sveglia e vi raggiunge potete essere davvero soddisfatti.

I gatti penetrano
in ogni cosa,
compresa la vostra
coscienza.
Laura Ingineri

Esperimento n. 2. Il cibo

In questo caso si cerca di trasmettere l'informazione che una determinata porzione di cibo, tra due preparate allo scopo, è dannosa e non deve essere mangiata. In una stanza chiusa dove il gatto non può né entrare né vedervi preparate in due ciotoline diverse (fatte in modo che possiate facilmente distinguere l'una dall'altra) due piccole quantità di un cibo che il gatto appetisce particolarmente, qualcosa che per lui è una vera leccornia. Prendete le ciotoline e, sempre senza farvi vedere dall'animale, recatevi nel-

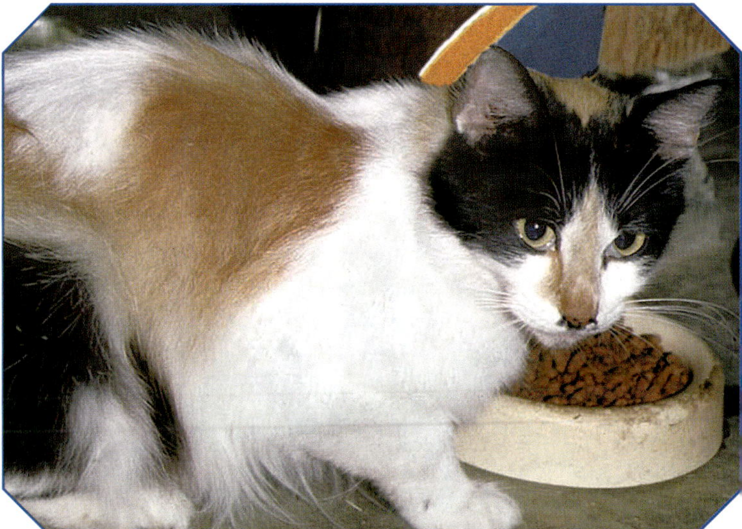

la stanza adatta a eseguire il rilassamento. Questa volta chiudete la porta in modo che nessuno (gatto o altri) possa entrare. Approntate gli eventuali aiuti rappresentati dall'olio essenziale, dall'incenso o dal cristallo; collocate una delle ciotoline da qualche parte nella stanza, ben lontana da voi, e tenete l'altra a portata di mano. Quando siete entrati nello stato di rilassamento prendete la ciotolina con il cibo e poggiatevela in grembo, quindi visualizzatela indugiando sui particolari che la distinguono (colore, forma, materiale di cui è fatta). Poi visualizzate il gatto, creando varie immagini mentali dell'animale che si muove, vi guarda, gioca. Quando siete ben concentrati iniziate a trasmettere frasi nelle quali avvertite il gatto di non mangiare il cibo contenuto nella ciotolina che avete in grembo: quel cibo è cattivo, velenoso e l'animale dovrà stargli lontano.

Dopo alcuni minuti uscite dal rilassamento, prendete le due ciotoline e andate dal gatto, ponetegliele davanti entrambe e osservate le sue reazioni.

Esperimento n. 3. L'anticipazione

Poiché i gatti sanno percepire in anticipo il momento in cui il padrone sta per tornare a casa, provate a verificare questa possibilità con l'aiuto di un'altra persona. Un amico dovrà trovarsi a casa vostra per controllare i movimenti del gatto secondo le istruzioni che gli darete.

Come nel caso precedente prendete una piccola porzione di un cibo che l'animale apprezza molto, agitatela varie volte davanti a lui e fategliela annusare, ma non concedetegli di assaggiarne neanche un pizzico. Preparatevi dunque per uscire, dicendo al gatto che quando tornerete gli darete il cibo. Andate a fare una passeggiata portando con voi la porzione di cibo e rimanete fuori casa per almeno mezz'ora. La persona che partecipa all'esperimento dovrà tenere d'occhio il gatto e annotare l'ora esatta in cui quest'ultimo si mette in attesa davanti alla porta o guarda fuori della finestra aspettando il vostro ritorno. Mentre siete fuori distraetevi pensando a qualcos'altro; nel momento in cui decidete di rientrare potete usare l'olio essenziale adatto a favorire la telepatia (2 gocce stillate su un fazzoletto da annusare ripetutamente), oppure tenere in mano il cristallo. Concentratevi pensando che state tornando a casa, visualizzate il gatto e ditegli mentalmente che presto gli darete la porzione di cibo. Osservate l'orologio e verificate poi se c'è una corrispondenza tra l'orario e ciò che l'altra persona vi dirà, in modo da capire se il gatto ha saputo anticipare il vostro rientro.

Meditazioni di guarigione

Un gatto affettuoso è il miglior rimedio contro la depressione.

Proverbio giapponese

La *pet-therapy* riconosce agli animali poteri di guarigione riguardo a vari disturbi che affliggono l'uomo. La disciplina è in continua espansione, e si fanno sempre nuove scoperte sui benefici che i rapporti con gli animali possono procurare. I gatti in particolare possiedono numerose facoltà terapeutiche: ben lo sapeva Florence Nightingale (1820-1910), l'infermiera che alla fine dell'Ottocento rivoluzionò il modo di assistere i malati. La Nightingale era una grande amante dei gatti e nella sua vita ne possedette oltre sessanta. Spesso li portava con sé in visita ai pazienti ricoverati negli ospedali, convinta degli straordinari benefici che questi animali sanno procurare.

La Società Italiana per lo Studio delle Cefalee afferma che i gatti hanno un'indiscutibile efficacia nella cura delle cefalee dei bambini, mentre secondo David Purdie dell'Università di Hull in Gran Bretagna le onde sonore emesse dai gatti aiuterebbero la calcificazione favorendo la riparazione di ossa e muscoli. Altri studi hanno evidenziato che la pratica di accarezzare il gatto riporta la pressione sanguigna ai giusti valori, crea una sensazione di rilassamento e combatte lo stress; inoltre parlare con il micio nel tono a lui più congeniale (con dolcezza, tenerezza e condiscendenza) riequilibra il sistema neurovegetativo. Ma il nostro amico a quattro zampe permette anche di intervenire a livello sottile su molteplici squilibri. Vediamo come.

In questa
sorte avversa
io mi affido a te,
o bel gatto,
alle tue pupille
sacre; mi sembra
di avere
davanti a me
due stelle
e di ritrovare
la tramontana
in mezzo
alla tempesta.
Torquato Tasso

Seduta di rilassamento

Ritiratevi con il gatto in una stanza tranquilla facendo in modo di non essere disturbati per almeno mezz'ora. Sdraiatevi tenendo il gatto al vostro fianco, in una posizione comoda per entrambi che vi permetta di accarezzare l'animale.

Potrebbe essere utile coprirsi con qualcosa per evitare eventuali sensazioni di freddo che si verificano talvolta durante il rilassamento.

*L'ideale
della calma è
in un gatto seduto.*
Jules Renard

Chiudete gli occhi ed effettuate alcune inspirazioni ed espirazioni profonde, aprendo bene i polmoni, poi cominciate a immaginare che il vostro corpo stia diventando pesante: passate in rassegna le varie parti del corpo, dai piedi alla testa, concentrandovi su ciascuna (piedi, gambe, bacino, addome, torace, mani, braccia, schiena, collo, testa) e ripetendo mentalmente che la parte in questione acquisisce pesantezza. Sforzatevi di percepire la sensazione che il corpo sprofonda nel materasso o nel pavimento. Pronunciate mentalmente frasi come: "Il mio corpo è rilassato e pesante", "Abbandono i problemi, le ansie e le preoccupazioni", "La mia mente è limpida, serena e rilassata". Dedicate alcuni minuti a questi preliminari, senza fretta: noterete un'attenuazione del livello normale di respirazione e scivolerete in una specie di dormiveglia.

A questo punto visualizzate una luce dorata che emana dal gatto e che si diffonde sul vostro corpo, iniziando dai piedi per salire fino alla testa. Questa luce vi avvolge completamente come un fluido che il gatto vi trasmette per lavare via stanchezza, tensioni psicofisiche e stress. Mantenete la visualizzazione per qualche tempo, lasciandovi cullare da sensazioni di benessere.

Quando volete concludere la seduta visualizzate la luce dorata che si ritira, ripetete che state uscendo dallo stato di pesantezza e che, piano piano, il vostro corpo ritorna leggero. Riportate l'attenzione sulla respirazione e regolarizzatela al livello normale; cominciate a muovere gambe e braccia, stiracchiatevi, giratevi su un fianco, aprite gli occhi e aspettate qualche istante prima di alzarvi.

Pulizia energetica di parti del corpo

Sdraiati, con il gatto accanto a voi, eseguite la procedura di rilassamento come descritta in precedenza e, una volta raggiunto lo stato di pesantezza, visualizzate un raggio di luce bianca che proviene dal gatto e si dirige verso quella parte del vostro corpo dove avete problemi: la luce penetra nell'organo o nell'apparato facendolo risplendere ed eliminando le tossine accumulate, le quali assumono l'aspetto di un fumo grigio che esce dall'organo in questione per disperdersi nell'aria. Mantenete la visualizzazione del raggio di luce e del fumo grigio per un certo tempo, poi immaginate (anche aiutandovi con la ripetizione mentale di frasi appropriate) che la luce sia in grado di ricostituire e normalizzare la parte interessata. Se il gatto accetta di lasciarsi collocare su quella parte del vostro corpo che deve essere armonizzata e se durante la seduta comincia a fare le fusa, l'azione di pulizia diventa ancora più intensa.

Un altro sistema può essere quello di agire sui chakra, in maniera analoga con il raggio di luce bianca oppure immaginando che il gatto (eventualmente posizionato sul chakra specifico) aspira le vibrazioni negative, le risucchia dal chakra per scaricarle a terra. I vortici energetici vengono così riequilibrati, anche grazie a comandi mentali del tipo: "Il mio gatto aspira le tossine dal 3° chakra e le scarica a terra", "Il mio gatto armonizza questo chakra con le sue capacità terapeutiche", e via dicendo. Al termine della seduta comportatevi come detto nel paragrafo precedente per uscire dallo stato di rilassamento.

Giovanni Lanfranco, Uomo nudo sul letto che gioca con un gatto, *1620 ca.*

Meditazione per favorire la comunicazione

Se avete problemi di comunicazione con qualcuno, di qualsiasi tipo essi siano, procuratevi un quarzo ialino biterminato o un quarzo herkimer (si tratta di un quarzo particolare provvisto di due punte) e intervenite con l'aiuto del vostro gatto.

Collocate il quarzo sulla fronte, nel punto corrispondente al 6° chakra, effettuate la procedura di rilassamento e visualizzate un raggio di luce rosa che proviene dal gatto e colpisce il quarzo facendolo risplendere della medesima luce.

Dal quarzo la luce si dirige poi verso colui o colei con cui vi interessa migliorare il rapporto e armonizzare la comunicazione: visualizzate la persona che riceve questo raggio, dentro al quale scorrono vibrazioni positive e frasi di amicizia che voi ripeterete mentalmente. Ad esempio potete inviare

Preghiera per il proprio gatto

... (nome gatto), sia tu benedetto
nel nome dello Spirito Eterno che ti ha
creato e possa tu condurre insieme
a me una vita tranquilla e gioiosa.
Spirito Eterno, fonte di ogni armonia,
proteggi e sostieni questo gatto,
veglia sulle sue giornate,
rafforza il mio legame con lui
e concedi a entrambi
di diffondere nel mondo
un messaggio di Luce.

messaggi telepatici formando frasi brevi e sempre al positivo (evitate la parola “no” e altre negazioni) dicendo alla persona che le andate incontro riguardo ai suoi punti di vista, oppure che vi impegnerete per migliorare il rapporto, e simili.

Concentratevi su poche frasi ben congegnate e ripetetele varie volte, finché sentirete che grazie al gatto e al cristallo il vostro messaggio è stato recepito dal soggetto interessato. Allora potrete visualizzare la luce rosa che si ritira e uscire dal rilassamento.

Il paranormale è gatto

Storie vere di gatti dai poteri speciali

Non esistono gatti comuni.
Colette

Le storie che seguono, tutte vere, sono state raccolte sia attraverso testimonianze dirette sia grazie a notizie riportate su libri specialistici. Leggendole noterete come i gatti riescano a padroneggiare doti misteriose e possano contare su una vasta gamma di percezioni extrasensoriali: si va dalla telepatia alla sensibilità meteorologica, dalle intuizioni riguardo ai bisogni del padrone alla comunicazione con le piante, dalle capacità terapeutiche a previsioni di vario tipo.

Messaggi telepatici tra gatti e persone

* Un soriano di nome Tiger, appartenuto a Joan Hayward di Dorchester (Gran Bretagna), si intrufolava sempre tra i piedi della padrona quando questa tagliava la carne, allo scopo di raccattare i pezzetti che cadevano: un normale comportamento riscontrabile in molti animali. Ma quando Joan cominciava a pensare di prende-

re il tritatutto per macinare la carne il gatto lo capiva e arrivava prontamente in cucina, anche se fino a quel momento stava sonnecchiando in giardino. Prima che la donna avesse tirato fuori l'apparecchio e soprattutto la carne (della quale avrebbe potuto sentire l'odore), Tiger era già lì. Invece il gatto non si presentava se Joan pensava di usare l'apparecchio allo scopo di tritare frutta o verdura, oppure se apriva lo sportello del mobile per prendere altri oggetti.

✶ Pauline Bamsay di Port Talbot, nel Galles, racconta che il suo gatto Leo riceveva prontamente i richiami telepatici che lei gli inviava, comportandosi di conseguenza. Quando Leo non c'era e a Pauline sembrava che fosse assente da qualche ora, bastava che lei si concentrasse mentalmente sulla frase: "Leo, torna a casa" e lui arrivava subito o in pochi minuti, secondo la distanza alla quale si trovava. Solitamente Leo andava in giro nel giardino della sua pa-

drona e in quello dei vicini: se anche Pauline era lì all'esterno e le capitava di pensare: "Leo, dove sei?", il gatto si faceva subito sentire e si avvicinava. Quando invece la donna osservava il gatto che dormiva a una certa distanza, se si concentrava su di lui l'animale si svegliava e ricambiava lo sguardo.

> *Un essere umano e un gatto*
> *si guardano negli occhi:*
> *nella penombra del crepuscolo,*
> *oppure al lume di candela.*
> *E subito si crea*
> *un'atmosfera di fiaba.*
> Sergius Golowin

✶ Nel 1932 Lina Giordani, residente a Verona, raccontava del suo gatto Miki il quale percepiva in anticipo il rientro a casa del marito della signora. Una volta il gatto saltò in braccio a Lina, la guardò e miagolò dolcemente: la donna controllò l'ora, erano le 19.40. Quando il marito rincasò, poco più tardi, affermò di aver lasciato l'ufficio esattamente alle 19.40. I coniugi decisero allora di fare una prova. Il signor Giordani stabilì che il giorno seguente sarebbe uscito dall'ufficio alle 17.20 in punto, e così fece. A casa, esattamente a quell'ora, Miki andò vicino alla padrona, strofinò ripetutamente il muso contro le sue mani ed emise il solito caratteristico, delicato miagolio. Molte altre volte il marito cambiò l'orario di uscita dal lavoro e il gatto captò sempre i suoi movimenti.

✶ Jeanne Randolph di Washington racconta la sua esperienza con un gattino di nome Sami, che le era stato regalato dal fidanzato. Dopo il lavoro, quasi ogni sera, il fidanzato di Jeanne andava a farle visita nel suo appartamento: la ragazza cominciò ad accorgersi in anticipo dell'arrivo perché ogni volta Sami si sistemava davanti alla porta una decina di minuti prima che il campanello suonasse. Jeanne non sapeva mai l'orario di arrivo del fidanzato, poiché questi faceva l'agente immobiliare e aveva orari irregolari; quindi il gatto non poteva capirlo dal comportamento della ragazza. E nemmeno poteva riconoscere l'automobile, vivendo in un palazzo di molti piani collocato nel centro di una città rumorosa. Quando la madre di Jeanne si tratteneva nell'appartamento della figlia in assenza di quest'ultima, Sami faceva lo stesso piazzandosi davanti alla porta diversi minuti prima del rientro a casa della giovane padrona.

✶ Bryan Roche, studente universitario di psicologia, trovò lavoro e alloggio nell'isola di Nantucket (Stati Uniti) in una pensione dove vi era una gatta persiana di nome Minu. La proprietaria della pensione diceva di avere un rapporto telepatico con la sua gatta, la quale iniziava a soffiare e a emettere suoni particolari una ventina di minuti prima del ritorno a casa della padrona. Bryan considerò la cosa con un certo scetticismo, ma una sera dovette ricredersi. Approfittando dell'assenza della proprietaria della pensione lo studente tenne una festa nei locali comuni senza avvertire la signora: nel bel mezzo della festa Minu cominciò ad arcuare il dorso come fanno i gatti e a ringhiare, quasi fosse un cane. Avendo paura di essere sorpreso dalla signora, Bryan decise di fidarsi della gatta e congedò velocemente gli ospiti tra l'ilarità generale. La proprietaria arrivò a casa alcuni minuti dopo che gli ospiti se n'erano andati e non si accorse di nulla: la gatta aveva salvato a Bryan il posto di lavoro e l'alloggio. Non del tutto convinto, il ragazzo si mise a studiare Minu, constatando che l'animale sentiva il ritorno della padrona a qualunque ora, anche se la donna si trovava su un'auto differente o sul battello che collegava il continente con l'isola. Pienamente fiducioso riguardo alle infallibili predizioni della gatta, Bryan tenne molti altri festini e Minu si rivelò ogni volta un'affidabile "allarme antipadrona".

✶ I gatti riescono a prevedere non solo l'arrivo del padrone, ma anche quello di persone che sono loro antipatiche. Un esempio ci viene dalla signora Mosette Broderick, che si conquistò l'avversione di Kitty, la gatta di un suo amico. Mosette viveva a Manhattan, dove l'amico in questione le aveva raccontato che la sua gatta, quando lui la portava dal veterinario, si mostrava poi adirata con lui per un certo tempo. Mosette, per aiutare l'amico, si offrì di accompagnare lei stessa Kitty dal veterinario, ma così facendo la gatta cominciò a detestare la donna. La signora raccontò che Kitty, in seguito, aumentò la sua avversione per lei a tal punto che il proprietario della gatta capiva dal comportamento di quest'ultima se Mosette si trovava nei paraggi. La gatta correva a nascondersi quando la donna era ancora a 60 metri di distanza dall'abitazione dell'amico e, in mezzo alla folla, svoltava da Lexington Avenue nella 62ª Strada. Kitty riservava questo comportamento solo a Mosette. Era da escludere che l'animale potesse vedere la donna, che percepisse il suo arrivo attraverso l'udito nel traffico rumoroso di New York, oppure usando il senso dell'olfatto con porte e finestre chiuse. Da escludere anche l'assuefazione all'orario, perché la signora arrivava sempre in ore e giorni diversi. Il comportamento di Kitty, iniziato da quando Mosette la por-

Francisco Goya,
Manuel Osorio
Manrique de Zúniga,
1787, New York,
Metropolitan Museum.

tava dal veterinario, prese poi a manifestarsi anche in occasione di semplici visite della donna.

✶ Sonya Porter di Woking, in Gran Bretagna, testimonia di come il marito David si fosse accorto di sapere sempre quando la loro gatta Suzie, uscita per una passeggiata in giardino, volesse rientrare in casa. Tutto cominciò una domenica mattina, mentre Sonya e il marito erano ancora a letto a leggere i giornali. D'un tratto David disse: «Suzie vuole entrare» e, alzatosi, vide dalla finestra la gatta fuori in attesa, che guardava verso di lui. In seguito David aveva preso l'abitudine di andare ad aprire a Suzie nei momenti più impensati, senza che la gatta miagolasse o

grattasse alla porta: l'uomo diceva semplicemente che Suzie lo influenzava.

✶ Minet, il gatto della signora Woutisseth di Vanves (Francia), chiamava telepaticamente la sua padrona anche quando lei stava dormendo. L'immagine del gatto dietro la porta si imponeva all'improvviso nella mente della signora fino a svegliarla; e il tutto accadeva nel più completo silenzio, senza miagolii né altri segnali.

✶ Anche nel caso di gatti che si sono smarriti la comunicazione telepatica con il padrone acquista notevole importanza allo scopo di rintracciare l'animale. Martha Lees di Fleetwood (Gran Bretagna) riferisce che dovette darsi alla ricerca della sua gatta di nome Solitaire, sparita da un giorno. Inizialmente la donna si aggirò nei dintorni senza successo, ma il terzo giorno dopo la scomparsa ebbe la sensazione di un richiamo che la spinse a uscire in strada e a svoltare in Fir Close per trovarsi così davanti a una casa sulla destra. Martha suonò il campanello e un uomo venne ad aprire: ma quest'ultimo disse di non aver visto la gatta. Martha gli chiese di poter andare nel giardino a controllare, allo scopo di tranquillizzarsi, e l'uomo ve la condusse. Nel giardino la padrona chiamò Solitaire alcune volte, finché udì un miagolio provenire da un montagnola di rifiuti con una buca in mezzo, dove la gatta

era rimasta intrappolata senza avere la possibilità di risalire. Fu così che Martha riuscì a recuperarla e a riportarla a casa.

* La gatta Whisky fuggì da una pensione per gatti nello Yorkshire, in Inghilterra, mentre i suoi padroni erano in vacanza. Questi vennero a saperlo solo al loro rientro, dopo alcuni giorni. Nel frattempo la gatta era stata cercata più volte dai proprietari della pensione, purtroppo senza successo. Catherine Forrester, la padrona, si mise a cercarla in un'ampia zona intorno alla pensione, andando di casa in casa, nei pub e negli altri locali pubblici. Alcuni avevano notato un gatto che corrispondeva alla descrizione, ma nessuno sapeva dove si trovasse. Una sera, all'imbrunire, ormai stanca per l'ennesima giornata d'infruttuosa ricerca, Catherine stava per rientrare a casa quando, spinta da un impulso interiore, si avviò in auto per una strada che finiva nei campi. Poco dopo fermò l'auto, scese e cominciò a chiamare Whisky. Udì un debole miagolio e la gatta saltò dal campo sottostante su un muretto situato davanti a lei.

Il tetto di una casa a Riga, in Lettonia.

Un caso di sensibilità meteorologica

Errol Thompson abitava con la moglie e i figli nei pressi del fiume Blanchard, nello stato americano dell'Ohio. Nigel era il gatto di casa, vezzeggiato da tutti, anche se il felino aveva un temperamento serio, compassato, di pochi miagolii.

Una sera, mentre la famiglia era riunita per la cena, successe un fatto strano: Nigel entrò in cucina e si mise a correre intorno al tavolo, saltò su una sedia miagolando forte e cercando di attirare l'attenzione. Quando i presenti gli dettero relazione il gatto schizzò verso la porta di casa, emettendo suoni insoliti e guardando i membri della famiglia come volesse indurli a uscire; la porta venne aperta e Nigel iniziò a correre intorno alla casa. Marito, moglie e figli, stupiti ma incapaci di trovare una spiegazione per quello strano comportamento, tornarono in casa lasciando il gatto fuori. Ma quest'ultimo dopo un po' si mise a grattare alla porta. Gli aprirono e notarono che non ne voleva sapere di calmarsi, anzi, il suo atteggiamento peggiorava. Si stava avvicinando un temporale, ma nessuno collegò i miagolii del gatto al fenomeno atmosferico, anche perché in precedenza Nigel non aveva mai reagito così all'avvicinarsi della pioggia. La famiglia andò a dormire mentre la prime gocce cominciavano a cadere, e durante la notte furono tutti svegliati dal gatto, il quale passava come una furia da una finestra all'altra battendo la testa e le zampe contro i vetri. I coniugi e i figli guardarono fuori della finestra, dove una scena apocalittica si presentò ai loro occhi: il fiume stava straripando, l'acqua sommergeva la terra e procedeva verso la loro casa… Fecero appena in tempo a raccogliere le cose indispensabili e a uscire per salvarsi, prima che la casa venisse investita dall'inondazione. Eppure il gatto li aveva avvertiti con ore di anticipo, anche se nessuno di loro gli aveva dato ascolto.

Il tempo speso con i gatti non è mai sprecato.
May Sarton

Comunicazione con le piante

✶ Nel 1922 la biologa francese Odile Rochelois parlava del suo gatto Alex e di come questo le fosse di aiuto nella cura delle piante. Quando la donna prendeva le forbici e andava nella serra per tagliare le foglie secche, Alex la accompagnava passo dopo passo indicandole le foglie e le altri parti di pianta che dovevano essere tagliate, come se tra i vegetali e il gatto vi fosse una sorta di comunicazione. Se Odile avvicinava le forbici a un rametto che pareva secco ma non lo era, il gatto si metteva a miagolare in modo inconsueto per dissuaderla dal tagliarlo. Le piante, attraverso il loro amico felino, riuscivano

così a trasmettere informazioni alla donna che si prendeva cura di loro. Se quest'ultima si dimenticava di annaffiare le piante, Alex andava a chiamarla e la conduceva alla brocca utilizzata per quello scopo. Odile scoprì anche che quando era impegnata nel lavoro e non aveva tempo per l'annaffiatura, il gatto spingeva la sua scodellina dell'acqua verso piante particolarmente bisognose e la rovesciava sullo strato spugnoso dove erano collocati i vasi, in modo che l'acqua si diffondesse e venisse assorbita. La biologa decise allora di fare un esperimento: sistemò accanto a ciascun vaso una scodellina piena d'acqua e per qualche giorno si astenne dal bagnare le piante. Tenendo sotto controllo il gatto, si accorse che questo rovesciava le scodelline non appena le foglie delle piante cominciavano ad appassire...

Addirittura una volta, osservando il gatto che stava dormendo tranquillamente nella sua cuccia collocata in un angolo della serra, notò che questo si risvegliò improvvisamente senza essere stato disturbato, si stiracchiò, uscì dalla cuccia e si avvicinò alla pianta di afelandra, accostò la zampa al contenitore dell'acqua corrispondente alla pianta stessa, lo rovesciò e tornò nella cuccia a dormire. Sicuramente aveva ricevuto una richiesta da parte dell'afelandra e, da buon giardiniere, Alex era intervenuto.

✶ Il signor Giovanni Ramelli riferisce un episodio che ha per protagonisti un gruppo di gatti e un salice. Nella zona di Asti, vicino a un piccolo borgo, un albero di salice era stato scelto come luogo d'incontro da gatti di vario tipo, giovani e anziani, che ogni giorno intorno alle ore 15.00 si riunivano sotto i suoi rami per un piacevole sonnellino. Sembrava che la sosta sotto il salice avesse per ciascun felino un valore terapeutico e, osservando la scena con attenzione, si sarebbe potuto dire che tra gli animali e la pianta ci fosse un dialogo sottile, un misterioso scambio d'informazioni.

Dopo qualche tempo tuttavia il proprietario del terreno decise di abbattere l'albero per utilizzare l'area occupata dallo stesso in altro modo. Il salice recepì il messaggio di morte e lo trasmise ai suoi amici gatti, i quali si organizzarono per impedire l'evento. Quando il proprietario del terreno, munito di accetta, arrivò sul posto trovò ad attenderlo i gatti disposti in cerchio intorno all'albero, ciascuno in assetto di combattimento con il pe-

lo ritto, la schiena inarcata e le fauci spalancate da cui provenivano sbuffi e miagolii minacciosi. L'uomo cercò di allontanare i gatti, anche sollevando l'accetta contro di loro, ma dovette battere in ritirata. Ci riprovò nei giorni seguenti, ma poi decise di rinunciare per paura di essere seriamente ferito dalla pattuglia felina. Abbandonò dunque il suo intento e si accontentò di potare il salice. Da notare come l'albero avesse comunicato ai gatti anche l'orario in cui si sarebbe compiuto lo scellerato gesto: infatti gli animali erano soliti comparire verso le 15, nel pomeriggio, mentre il proprietario del terreno si recò ad abbattere la pianta nelle prime ore della mattina, trovando i guerrieri a quattro zampe già pronti ad aspettarlo.

✶ In Francia, intorno al 1930, l'anziana signora Parel, appassionata di giardinaggio, aveva intrecciato un intenso rapporto a tre con il suo gatto siamese di nome Toy e con le piante di geranio che circondavano completamente la casa. Il gatto, come aiutante giardiniere, accompagnava quotidianamente la padrona nell'ispezione dei gerani: ogni tanto si fermava, allungava una zampa per accarezzare le foglie o i fiori e poi proseguiva; talvolta invece miagolava in maniera particolare davanti a una pianta specifica, con toni stizzosi come per sgridare o con vocalizzi più morbidi in segno di approvazione. Quando la signora si sedeva sulla panca Toy si accucciava ai suoi piedi ed entrambi, anche per qualche ora, rimanevano in silenzio in mezzo ai gerani. Probabilmente la donna, il gatto e le piante comunicavano tra loro su livelli sottili, senza bisogno di parole. La figlia della signora Parel parlava del giardino della madre come di una specie di tempio, dove l'anziana donna e il suo gatto si raccoglievano in meditazione per entrare in dimensioni sconosciute. Succedeva anche che Toy saltasse sul letto della padrona nel cuore della notte, invitandola a uscire per andare ad assistere una pianta sofferente che aveva lanciato una richiesta all'aiutante giardiniere: e la signora Parel prontamente acconsentiva recandosi sul posto per annaffiare la pianta, tagliarle le foglie secche o accudirla in altro modo.

Nell'estate del 1932, mentre i gerani erano in piena fioritura, la signora Parel venne portata all'ospedale, dove morì pochi giorni dopo. In quell'intervallo di tempo il gatto rimase da solo e nessuno si curò di lui. Quando la figlia tornò a casa della madre si trovò davanti a una scena impressionate: sebbene fossero trascorsi solo pochi giorni, i gerani erano tutti secchi, come bruciati da una fiamma invisibile. Fu chiamato un esperto floricoltore per accertare di quale malattia fossero morte le piante, ma non si trovò nulla di anormale né nelle piante né nel terreno. Piuttosto, vicino alla panca dove era solita sedersi la signora Parel fu scoperto il cadavere del gatto. Era accovacciato e stringeva tra le zampe un fiore secco. Con la morte dell'anziana donna si era spezzato un anello della catena a tre: ma il gatto e i gerani, non volendo lasciare sola la loro padrona, avevano deciso di accompagnarla nell'aldilà.

Edouard Manet, Olympia *(part.), 1860-1865, Parigi, Museo d'Orsay.*

Gatti terapeuti

* Un'altra storia ambientata in Italia riguarda il Friuli e le truppe americane che liberarono la regione nel 1945. Insieme ai soldati c'era il dottor Haughton, un medico che godeva fama di compiere guarigioni miracolose. Quando arrivò il giorno del congedo Haughton decise di soggiornare qualche tempo nei dintorni di Udine, allo scopo di prendersi un po' di riposo: ma una processione interminabile di persone cominciò a recarsi da lui per chiedere le sue cure – tra cui alcune discipline non convenzionali come la pranoterapia, che Haughton esercitava con successo – e il dottore dovette rimettersi al lavoro. A parte le doti personali, l'asso nella manica del medico americano era rappresentato dal suo gatto, che aveva raccolto sotto un cumulo di macerie a Montecassino e dal quale non si era più separato. Il gatto, chiamato Doctor Pussy su suggerimento di un'infermiera, assisteva sempre Haughton nella diagnosi e nella terapia dando prova di notevoli capacità extrasensoriali. Quando una persona entrava in infermeria per farsi curare il gatto reagiva in modo diverso secondo la gravità del caso: saltava sui tavoli, inarcava la schiena e soffiava quando il malato era conciato male, mentre se ne stava tranquillo nel caso che il soggetto davanti a lui fosse affetto da disturbi lievi.

Friedrich Overbeck, Ritratto di Franz Pforr, *1810.*

Con il passare del tempo il legame, anche telepatico, tra medico e felino si accentuò sempre più e le facoltà diagnostiche e terapeutiche di quest'ultimo crebbero sorprendentemente, tanto che Haughton teneva sempre l'animale sulle ginocchia per farsi ispirare nella diagnosi e ricorreva al suo aiuto anche per potenziare le sedute di pranoterapia.

✶ La signora Holmes di Nancy, in Francia, possedeva un gatto di nome Mumy, al quale era molto affezionata. Mumy ricambiava l'affetto della padrona, e quando quest'ultima si ammalò iniziò a trascorrere gran parte della giornata sul letto della signora, accanto a lei, come per assisterla e alleviare i sintomi della malattia. Anche Vincent Flores, il medico della signora Holmes, aveva notato le premure del gatto nei confronti della padrona: quando un piccolo oggetto, come una ricetta medica o una matita, cadeva dal letto o dal comodino, Mumy lo afferrava delicatamente con i denti e lo deponeva sul cuscino della padrona. La signora Holmes aveva assunto una domestica a ore per farsi aiutare nella gestione della casa: non appena

Il mio gatto è la miglior terapia contro lo stress. Quando lo accarezzo mi sento tranquilla. Ho l'impressione di accarezzare la mia anima.
Victoria Principal

questa si congedava, Mumy ispezionava l'appartamento per controllare che tutto fosse a posto, e se trovava qualcosa che non andava miagolava spingendo la padrona ad alzarsi dal letto.

Poiché la malattia non si risolveva, il medico prescrisse alla paziente una cura di iniezioni, che la signora Holmes decise di farsi da sé. Un giorno, mentre la donna aspirava il liquido dalla fialetta, il gatto si mise a miagolare fissando la medicina; la signora lo guardò senza capire e proseguì, ma prima che potesse farsi l'iniezione Mumy, con un balzo, riuscì a spingere via la siringa, che si ruppe sul pavimento. La signora picchiò il gatto e più tardi, quando arrivò il medico, gli raccontò l'accaduto. Il medico controllò la siringa rotta e la fialetta e disse che la signora aveva sbagliato a prendere la scatola delle iniezioni dalla vetrinetta dove teneva i medicinali: si trattava infatti di un farmaco usato dal marito dieci anni fa per un altro genere di disturbi. La signora aveva scambiato le confezioni senza accorgerse-

ne. Considerando poi che, oltre a non essere appropriata, la medicina era scaduta, l'iniezione avrebbe potuto procurarle seri problemi. Ma il gatto, avendo percepito che la sostanza non era quella giusta, era prontamente intervenuto per proteggere la sua padrona.

* Il gatto di Kate, una signora inglese dello Staffordshire sofferente di crisi epilettiche, aveva la facoltà di avvertire la padrona, anche con parecchi minuti di anticipo, dell'arrivo di una crisi. Kate si rese conto che all'approssimarsi di una crisi il gatto si comportava stranamente, si avvicinava al suo viso, la fissava e le sedeva accanto, toccandola spesso con le zampe. Così la donna imparò che quando ciò accadeva doveva andare subito a sdraiarsi. Il gatto le rimaneva vicino per tutta la durata della crisi e stava di guardia per impedire che qualcosa o qualcuno potesse disturbare la padrona.

* Willy era il gatto di una giovane coppia, Ann e George, che abitavano a Peterborough, cittadina inglese della contea di Cambridgeshire. La coppia era molto unita e Willy rappresentava l'anello di collegamento tra i coniugi: entrambi lo coccolavano e lo accudivano con grande impegno, e il gatto ricambiava il loro affetto in molteplici maniere. Ann, in seguito a una malattia, fu costretta a rimanere alcuni mesi a letto, assistita dalla madre; frat-

tanto il marito era stato trasferito per lavoro in una località situata a una certa distanza, cosicché gli era impossibile tornare a casa la sera.

Willy assunse il ruolo di terapeuta: se ne stava sul letto della malata per farle compagnia, oppure si precipitava nelle altre stanze a chiamare la madre di Ann quando quest'ultima aveva bisogno di qualcosa. Ma il fenomeno più sorprendente si verificò quando cominciarono ad arrivare le lettere di George indirizzate alla moglie. Una mattina la giovane donna vide entrare il gatto in camera con una lettera in bocca; l'animale saltò sul letto e la depose accanto al cuscino, poi uscì dalla stanza. Ann riferì il fatto alla madre ed entrambe si meravigliarono. Per Willy

non era difficile raggiungere le lettere, che dalla buca esterna cadevano direttamente nel corridoio di casa, tuttavia la cosa sorprendente consisteva nella capacità del gatto di aver saputo scegliere tra le varie missive proprio quella di George. Nei giorni seguenti il fenomeno si ripeté puntualmente. Non appena arrivava una lettera del marito, Willy la raccoglieva e la portava alla padrona. La madre di Ann cominciò a spiare il gatto, e si accorse che questo si metteva in attesa davanti alla porta almeno 15 minuti prima dell'arrivo del postino: quando la posta scivolava dentro la buca e cadeva nel corridoio Willy fiutava le buste, le toccava una a una e sceglieva quella di George dirigendosi subito nella camera di Ann. Il marito, informato della cosa, decise di fare un esperimento. Invece di scrivere la lettera di suo pugno la dettò a un amico, evitando di toccare il foglio di carta e la busta; l'amico stesso andò poi a impostare la lettera, in modo che non ci fosse alcun contatto tra George e il materiale cartaceo. Ciononostante, quando la lettera fu recapitata, Willy seppe rintracciarla e la portò sul letto della padrona. Chiaramente il gatto coglieva le vibrazioni del campo emozionale che lo legavano ai suoi padroni e si comportava da intermediario tra i due, anche allo scopo di favorire la guarigione della giovane donna.

Senso dell'orientamento rispetto alla casa

✶ Lo zoologo statunitense F.H. Herrick condusse una serie di esperimenti con il suo gatto a Cleveland, Ohio, iniziando in maniera del tutto casuale. Mentre era in tram e stava portando il gatto dall'abitazione all'ufficio situato nella Western Reserve University, distante otto chilometri, il gatto scappò e ritornò a casa da sé. Lo studioso, sorpreso, per approfondire il fenomeno cominciò a portare il gatto in luoghi distanti da uno a cinque chilometri rispetto alla casa, scoprendo che il felino era sempre capace di ritrovare la strada da qualsiasi direzione e senza che le varie situazioni ambientali in cui veniva lasciato lo ostacolassero in alcun modo.

✶ Un signore di Londra racconta che alla sua gatta piaceva viaggiare in automobile. Stava dentro la gabbia a dormire, con la porta aperta affinché potesse uscire quando voleva. Ogni volta, qualche chilometro prima dell'arrivo a casa, usciva dalla gabbia e si metteva a girare per l'abitacolo, preparandosi all'arrivo: pareva che sapesse quando erano vicini a casa. Come faceva? Per mezzo dell'olfatto era poco probabile, visto che durante l'inverno i finestrini dell'auto venivano tenuti chiusi; e ancora più difficile sarebbe stato riconoscere i vari percorsi e le svolte in mezzo al traffico di Londra. Eppure la gatta si preparava in anticipo per scendere dalla vettura.

Reazioni a incidenti avvenuti in luoghi lontani

* Andrea Metzger di Bempflingen, in Germania, racconta che nel maggio del 1994 si stava rilassando nella veranda di casa insieme alla sua gatta persiana, di nome Klaerchen, mentre la figlia undicenne era fuori in bicicletta con un'amica. All'improvviso la gatta ebbe un sussulto, cacciò un urlo mai sentito prima e corse in salotto, fermandosi vicino al telefono. Poco dopo arrivò una telefonata con la quale si informava la famiglia che la bambina era ricoverata in ospedale per un brutto incidente.
* In situazioni di emergenza che si verificano a distanza, come la morte improvvisa del padrone lontano, molti gatti hanno reazioni di sofferenza accompagnate da urla insolite e miagolii lamentosi.

Hedwig Ritter di Zurigo aveva un gatto certosino, amato da tutta la famiglia, ma che dimostrava una spiccata preferenza per il marito della signora. Quando la coppia si recò in Danimarca per le vacanze estive il gatto venne affidato a una pensione per animali. Il marito morì improvvisamente d'infarto in Danimarca e Hedwig dovette rientrare a Zurigo: al momento di riprendere il gatto ebbe modo di raccontare la disgrazia alla proprietaria della pensione, la quale rispose di conoscere esattamente il giorno e l'ora della morte senza che nessuno della famiglia l'avesse informata. Infatti nel momento fatidico il gatto si era nascosto dietro un mobile emettendo uno strano lamento, tremando in tutto il corpo e dando segni di spaventosa sofferenza.

Previsioni di telefonate in arrivo

✶ Esistono numerosi casi di gatti che riconoscono l'autore di una chiamata telefonica, prima che qualcuno risponda, quando a chiamare è una persona cara all'animale. Ad esempio il gatto di nome Carlo, appartenente alla famiglia di Veronica Rowe e fortemente affezionato alla figlia Marian. Quando Marian lasciò la casa di famiglia per seguire un corso di studi in un'altra città capitò che Carlo fosse sempre in grado di riconoscere le telefonate della sua pa-

droncina lontana. Ogni volta che il telefono squillava e all'altro capo c'era Marian, il gatto saliva velocemente la scala interna all'abitazione e si avvicinava al telefono collocato nel pianerottolo, prima che le persone di casa avessero il tempo di andare a rispondere. Questo non succedeva quando a chiamare era il figlio di Veronica, oppure altri soggetti. Poiché Marian telefonava di rado, nessuno sapeva quando sarebbe arrivata la chiamata, ma se Carlo correva al telefono si poteva essere sicuri che fosse lei.

✶ Una situazione analoga alla precedente riguarda Helena Zaugg di Bruegg, in Svizzera, il cui gatto era molto affezionato al padre della donna. Poiché il padre andava a lavorare saltuariamente da un amico a una certa distanza da casa, di solito telefonava e qualche minuto prima che il telefono squillasse il gatto cominciava ad agitarsi e si sedeva accanto all'apparecchio. Quando l'uomo prendeva il treno fino alla cittadina di Biel e poi percorreva il tratto di strada dalla stazione a casa in motorino, il gatto si metteva ad aspettarlo fuori della porta almeno mezz'ora prima, più o meno il tempo necessario per andare dalla stazione a casa con il mezzo a due ruote. Tutto questo accadeva in orari molto diversi, ma il gatto sembrava sempre sapere dove si trovasse il padre di Helena e cosa stesse facendo.

Ninja e il fantasma del castello

Intorno al 1990 una signora milanese di nome Alice si trasferì con il figlio in Toscana, andando ad abitare nella dépendance di un castello risalente all'anno 1000, situato tra Firenze e Siena. Disabitato per la maggior parte dell'anno, il castello veniva affittato per cerimonie o in estate a turisti danarosi: ma correva voce che fosse infestato dai fantasmi. Madre e figlio, lungi dal lasciarsi spaventare da questa storia, continuarono tuttavia ad abitare nella dépendance, la quale si trovava solo a pochi metri di distanza dal fianco del castello.

Ninja

Una notte Alice, che aveva l'abitudine di stare sveglia fino a tardi, udì rumori di ferraglia e di mobili trascinati provenire dal castello, che sapeva essere vuoto. Il fatto si ripeté altre volte senza intimorirla più di tanto finché, con il passare del tempo, si manifestarono eventi ancora più particolari. Ad esempio, accadeva che Alice fosse costretta a svegliarsi nel cuore della notte emettendo dalla bocca un soffio prolungato che non riusciva a interrompere per mezzo della sua volontà. L'impossibilità di padroneggiare il proprio corpo la preoccupò seriamente: si fece benedire da un esorcista, trasformò la camera in una specie di santuario con immagini di angeli e madonne, incensi, candele, simboli orientali di protezione e quant'altro; ma a nulla valsero simili accorgimenti. Chiamò anche un sensitivo che le confermò la presenza di un'entità.

Il rapporto del gatto
con il cosmo è determinato
in parte dalla Luna,
in parte dal soprannaturale
e da quegli aspetti
dell'universo che noi umani
non riusciamo a comprendere.
Joseph Wylder

Nel periodo natalizio un gattino trovatello si aggiunse alla famiglia: Ninja, come lo chiamarono, divenne in pochi mesi un micio favoloso, giocherellone, dal pelo lucido e setoso e dal musetto vispo e birichino.

L'estate seguente il castello andò incontro a opere di manutenzione: arrivarono i muratori e furono installati vari ponteggi. I lavori scatenarono le ire del fantasma, e chi ne fece le spese furono gli abitanti della dépendance. Una sera che Alice faticava a prendere sonno e il figlio era uscito con gli amici, Ninja si recò nella camera della padrona e cominciò a miagolare forte fissando le pareti, la schiena inarcata, le orecchie tirate indietro, il pelo ritto e un'espressione feroce. Il miagolio profondo si trasformò in un verso metallico, stridente, da far accapponare la pelle, e il gatto prese a saltare qua e là come se stesse inseguendo un'ombra. Alice si rese conto che stava combattendo contro l'entità: Ninja era il suo paladino e la stava difendendo con le unghie e con i denti!

Da quella notte in poi iniziò una guerra aperta. Non passava giorno che non succedesse qualcosa di spiacevole alla madre o al figlio, alla casa, all'automobile o al motorino. Incidenti su incidenti, rotture, malfunzionamenti: nessuno strumento elettrico o elettronico rimaneva esente da guasti o da accensioni e spegnimenti assurdi… e ogni volta che accadeva un fatto strano il gatto miagolava e sal-

Ho studiato molti filosofi e molti gatti. La saggezza dei gatti è infinitamente superiore.

Hippolyte Taine

tava a destra e a sinistra. Ninja, puntualmente, avvertiva la sua padrona della presenza del fantasma quando questo si manifestava nella dépendance. Il gatto era come un orologio: se cambiava espressione e cominciava a miagolare in tono bizzarro si poteva essere certi che l'entità era in visita. Subito si sentivano i rumori, gli oggetti elettrici si spegnevano o si accendevano da soli e via dicendo.

Ben presto la signora, il figlio e il felino "avvertitore" dovettero lasciare la casa trasferendosi altrove, poiché non c'era modo di placare il fantasma.

Oscar, l'angelo del trapasso

La notizia è del luglio 2007. Oscar, un bel micio di due anni, risiede presso la Steere House Nursing and Rehabilitation Center, una casa di cura per malati terminali a Provindence, Rhode Island, Stati Uniti. È la mascotte dell'ospedale, coccolato da tutti. Ma in lui c'è qualcosa di particolare. I sanitari si sono accorti che Oscar possiede il dono di saper prevedere con qualche ora di anticipo la morte dei pazienti. Dopo che il gatto ha segnalato più di 25 casi

Oscar

senza mai sbagliarsi, la sua calma presenza sul letto di un paziente viene ormai considerata un indicatore infallibile dell'imminenza del decesso. Per questo Oscar è stato soprannominato "l'angelo del trapasso".

Oscar può muoversi a piacimento per gli ambienti della casa di cura: entra nelle camere dei pazienti, osserva, fiuta l'aria, salta sul letto e poi se ne va, ma se la persona è prossima a morire si rannicchia sul letto accanto a lei, fa le fusa e le dà dei colpetti affettuosi con il muso, attendendo per qualche ora finché la persona abbandona il corpo fisico. Questa capacità di Oscar è importante poiché i medici telefonano subito ai familiari del soggetto che sta per andarsene, in modo che questi fanno in tempo ad arrivare per l'ultimo saluto al loro congiunto. Inoltre Oscar fa compagnia nel momento della dipartita a coloro che non hanno famiglia e che altrimenti si spegnerebbero in solitudine.

Una targa di encomio, nella quale si ringrazia Oscar per la sua compassionevole assistenza ai malati terminali, è stata affissa su una parete della casa di cura. Il dottor David M. Dosa ha fatto conoscere il dono di Oscar, scrivendo un articolo pubblicato sul prestigioso "New England Journal of Medicine". Molti siti Internet parlano diffusamente del gatto.

Scarlett, la gatta del secolo

E per concludere, il ritratto di un'eroina: Scarlett, una gatta randagia che il 29 marzo 1996 per ben cinque volte si gettò tra le fiamme di un magazzino di Brooklyn, a New York, per salvare i suoi cuccioli rimasti intrappolati in un incendio. Dopo che i suoi cinque piccoli, uno a uno, erano stati estratti e messi in salvo, la madre effettuò un conteggio toccando ogni gattino con il muso per assicurarsi che fossero tutti lì con lei.

Soprannominata "la gatta del secolo", Scarlett commosse il mondo. Riportò gravi ustioni, ma riuscì a cavarsela grazie alle amorevoli cure cui fu sottoposta. Dei cinque piccoli quattro sopravvissero e furono affidati a persone amanti degli animali, analogamente alla madre che trovò un'appassionata padrona. Alcuni siti Internet americani, facilmente individuabili attraverso i motori di ricerca, parlano di Scarlett.

Scarlett

In onore della gatta Rosemary Asmussen scrisse una poesia:

Why is everybody so surprised
that I saved my furry five;
that in spite of pain and danger
I brought them out alive?
True my eyes were barely open
but I heard their frantic wails;
through smoke and flames I saw
scorched ears and burning tails.
Every trip was a burdened choice
but I could make no other.
The rescuers have called me cat...
but I am also "mother".

Perché sono tutti così sorpresi
che ho salvato i miei cinque pelosini;
che a dispetto dello strazio e del pericolo
li ho portati fuori vivi?
Certo i miei occhi erano aperti appena
ma ho udito i loro lamenti disperati;
attraverso fumo e fiamme ho visto
orecchie e code bruciacchiate.
Ogni viaggio è stato un gravoso impegno
ma non avrei potuto fare altrimenti.
I soccorritori mi hanno chiamata gatta…
ma sono anche "madre".

Non è anche questo un esempio di magia felina?

Fabio Nocentini

Ricercatore olistico e scrittore, nato a Firenze, da molti anni si interessa di naturopatia e argomenti esoterici. Autore di vari libri sui rimedi naturali e sulle energie sottili per la Giunti Demetra e per le Edizioni Mediterranee, svolge attività di insegnamento e tiene consulenze in discipline come radiestesia, analisi e riequilibrio dei chakra, aromatologia, cristalli, rimedi floreali.

Per contattare l'autore:
www.fabionocentini.it olistik@libero.it

REFERENZE FOTOGRAFICHE:
Tutte le immagini appartengono all'Archivio Giunti a eccezione delle seguenti:
Archivio Giunti/© Matteo Dal Piaz, Firenze, p. 91;
Archivio Giunti/© Giuliano Valsecchi, Firenze, p. 226;
Contrasto: © Erich Lessing p. 39; Corbis: © Carl & Ann Purcell p. 11, © Sygma p. 29, © Paul Almasy p. 32, © Bettmann p. 49, © PoodlesRock p. 62, © John Springer Collection p. 81, © Alen MacWeeney p. 83, © Richard T. Nowitz p. 117, © Roy Morsch p. 127, © Underwood & Underwood p. 143, © Floris Leeuwenberg/The Cover Story p. 161, © Julie Habel p. 185, © Ron Sanford p. 213, © Franz-Marc Frei p. 225, © Yann Arthus-Bertrand p. 239.